建筑作为社会过程
——无止桥乡村公益建设实录

潘曦 陆顺 郭昕晨 刘中元 丘容千 著

北京交通大学无止桥团队组织编写

团队指导老师：
潘曦

本书编写组成员：
丘容千 郭昕晨 李皓妍
高炳旭 程卓然 温林杰

中国建材工业出版社

图书在版编目（CIP）数据

建筑作为社会过程：无止桥乡村公益建设实录 / 潘曦等著. -- 北京：中国建材工业出版社，2022.7
ISBN 978-7-5160-3532-0

Ⅰ.①建… Ⅱ.①潘… Ⅲ.①农村—公用事业—研究—丰宁县 Ⅳ.①F299.241

中国版本图书馆CIP数据核字(2022)第126195号

内容简介

本书介绍了北京交通大学无止桥团队在河北省丰宁县小窝铺村开展的乡村公益建设活动。全书以时间为线索，记录了2017—2021年期间，一批大学生乡村建设志愿者在无止桥慈善基金［Wuzhiqiao（Bridge to China）Charitable Foundation］和世界自然保护联盟（IUCN）的资助下所完成的一系列公益活动，包括废弃小学的改造、露天戏台的修缮、社区厨房的更新、取水设施的添置、活动广场的修建、自然环境的调查记录与改善，以及一系列服务村民日常生活的活动。在"建筑作为社会过程"的核心理念下，形成了村民、专业人员、志愿者有效合作，工程建设、社区营造、专业教育相结合，促进村落可持续发展的示范性工作模式。

建筑作为社会过程——无止桥乡村公益建设实录
Jianzhu Zuowei Shehui Guocheng—Wuzhiqiao Xiangcun Gongyi Jianshe Shilu
潘曦　陆顺　郭昕晨　刘中元　丘容千　著
出版发行：中国建材工业出版社
地　　址：北京市海淀区三里河路 11 号
邮政编码：100831
经　　销：全国各地新华书店
印　　刷：北京印刷集团有限责任公司
开　　本：889mm×1194mm　1/24
印　　张：5⅓
字　　数：180 千字
版　　次：2022 年 7 月第 1 版
印　　次：2022 年 7 月第 1 次
定　　价：78.00 元
本社网址：www.jccbs.com，微信公众号：zgjcgycbs
请选用正版图书，采购、销售盗版图书属违法行为
版权专有，盗版必究。本社法律顾问：北京天驰君泰律师事务所，张杰律师
举报信箱：zhangjie@tiantailaw.com　举报电话：（010）57811389
本书如有印装质量问题，由我社市场营销部负责调换，联系电话：（010）57811386

致所有志愿者

流水和白杨树是这画里的主角
无论是踩着石头趟水,还是与杨树枝梢的鸟儿问好
自然都是温润、安静的
护佑着小窝铺这个水源地村落

这是归家前最后的片刻休闲
鸭子们似乎十分留恋河边的时光
直到黄昏日落才成群地回到村里
这样的日子，平静而又美好

村头的石磨碾盘像护卫一般恪守着岗位
渐渐成为了村头的标志
志愿者们会开心地向它问好,说一句:到了!
它似乎也会开心地回应
此处虽然无声,却有一种温暖流淌

村里的河水到了冬天会结冰
雪花落在冰河上,好像寻到了床榻
静静地躺下,享受冬日暖阳
即使偶尔经过马匹和机车
河流也会很快恢复它独属于冬天的宁静

牛儿在树底下咀嚼着甜美的青草
狗子在村道上肆意奔跑
这样美好的场景，对村里人已是日常
他们在日落的余晖里招呼着动物们快快回家

这里是村头的小卖部
地方不大，东西不少
这是志愿者们快乐的加油站
也记录着许多大家在村里的美好回忆

[序章]
Prologue

赞助机构

主创院校

合作院校

服务对象

北京交通大学无止桥团队在小窝铺村的建设实践活动，离不开无止桥慈善基金和世界自然保护联盟的支持，以及多所大学的通力合作。

项目参与方

序一

实践育人是高校人才培养体系中的重要组成部分。2012年,《教育部等部门关于进一步加强高校实践育人工作的若干意见》指出,"坚持向实践学习、向人民群众学习,是大学生成长成才的必由之路"。2016年,习近平总书记在全国高校思想政治工作会议上强调:"要重视实践育人,坚持教育同生产劳动和社会实践相结合,广泛开展各类社会实践。"对于建筑学、城乡规划专业的人才培养来说,实践育人更是不可或缺的。一方面,这些专业以城乡环境建设为目标,通过亲身实践了解场地、材料、建造工艺等知识,是完善专业知识体系的关键性环节;另一方面,随着我国城乡建设逐步从增量模式向存量模式转型,通过亲身体验设计项目从策划到落地的全过程,加深对真实社会语境的理解,对于专业人才的成长来说也愈发必要。

由我院牵头的北交大无止桥团队,就是实践育人的一个优秀案例。团队自2015年成立以来一直致力于乡村建设,完成了多个公益项目,培养了一批极具责任心、执行力,热爱专业实践、了解乡村社会的年轻人。2017年以来,团队扎根首都北京的水源地村落,在"建筑作为社会过程"的核心理念下开展了连续多年的"陪伴式"乡村建设。这种模式不仅让大学生和村民们建立起深厚的情感,成为乡村建设的"共同体",也让一届又一届的学生基于共有经历传承经验知识、形成优良传统。可以说,团队真正做到了乡村建设以村民为主体、人才培养以学生为主体。经过数年积累,团队的工作得到了可喜的成绩:项目获得WA中国建筑奖、ADA年度亚洲设计大奖等行业奖项,在大学生创新创业训练中获评国家级项目,多次在北京国际设计周等展览展出,被多家社会和专业媒体报道;团队培养的多名学生在毕业后赴哈佛大学、代尔夫特理工大学、伦敦大学学院(UCL)等国际顶尖高校深造。

陶行知先生曾说,生活即教育。无止桥团队让同学们走出教室、走进乡村,在真实的社会生活中探索和成长,为同学们提供了宝贵的"第二课堂"。在此,祝团队的同学们茁壮成长,一直坚定地走在希望的田野上。

韩冰
北京交通大学建筑与艺术学院教授、博导、院长
2022年4月 北京

韩冰 教授 博导 院长
北京交通大学建筑与艺术学院

序二

无止桥慈善基金初次认识小窝铺村是2017年年底,在北京交通大学建筑与艺术学院副教授潘曦老师的引荐和邀请下,无止桥慈善基金、北京交通大学、世界自然保护联盟和小窝铺村结下情缘。小窝铺村的无止桥项目至今已经进入第五个年头,实地参与服务的中国香港和内地学生志愿者将近二百人次,在校参与后台设计及筹备的学生更是不计其数。

小窝铺村项目,是一个成功、含金量高及可借鉴学习的社区发展项目。在潘曦老师的统筹指导下,以荒废失修多年但充满村民们集体记忆的村小学为项目启动的基地,由中国香港及内地的无止桥团队、社会志愿者和村民,改建旧校舍为社区环境教育中心和社区公共厨房等,并在第二、三期项目中建造村里的取水节点和公共广场等,提升了村民整体的生活环境及文化条件。

小窝铺村项目,是一个涵盖社区发展、学生成长和项目伙伴间合作探索的过程。在社区营造过程中,没有1+1必定等于2的方程式。成功与否在于社区的天时、地利、人和。正是如此,我们几个合作方意向相近,以开放参与式学习的态度一起与社区进行彼此认识和探索交流,鼓励学生和村民发挥想象空间并付诸实践,学生在实践过程中的无心之失并不是我们的聚焦点,阶段性的挫折失败才能让团队更清楚地识别前方成功的需求和条件。本项目就是要通过参与者观察、沟通、设计、实践、反思及改良的过程,把个人经历转化为生活经验及个人的知识财富。

小窝铺村项目,是一个充满人情味和积极向上的感人故事。在社区里,每个角落和摆设都有其背后的原意、习俗和故事。村民生活及社区演变都是息息相关的。项目团队用心聆听村民的故事,洞察村里的一景一物,因地制宜地设计及建造出符合村民需求的建筑和生活环境。村民从一开始对进村团队不熟悉,到现在在同一屋檐下共融相聚,即使大家分散在各地时也会彼此挂念,偶尔短信问候、分享生活,编写出一个又一个动容人心的故事。

感谢潘曦老师和北京交通大学团队在小窝铺村出色的工作。村民对项目赞不绝口,各院校的学生享受其中,获益良多。大家搭建了许多友谊的"心桥"。

机构网站

梁卓然
无止桥慈善基金行政总干事
2022年4月 中国香港

序三

世界自然保护联盟（IUCN）与小窝铺村结缘已有15年时间，自2007年以来，我们与合作伙伴开展了自然为本的解决方案（NbS）、森林景观恢复、社区发展等多个项目。2017年，我们与北京交通大学、无止桥慈善基金相识，在爱彼Audemars Piguet的支持下，与小窝铺村"擦出了别样的火花"。在村民、志愿者等各方的共同努力下，我们建立了溪芽环境教育中心、完成了取水节点的改造等工程，让自然保护的种子在这小小村落落地生根，将水源地与城市联系在了一起。

小窝铺村项目的核心一直是人与自然和谐相处。IUCN发起的改造废弃小学、建设环境教育中心的实践，为水源地保护的学习与交流打造了一个平台。多功能、可持续、再循环的环教中心与其他相关项目一起，共同传递了珍爱自然、保护自然、保护水源地的理念。

无论是15年前还是现在，小窝铺村都以开放的情怀迎接着新鲜的血液与事物。数年来，这个可爱平静的小村庄迎来了一批又一批的青年学生，同学们不怕苦不怕累，在调研、设计、施工的整个过程中，通过一砖一瓦一草一木，留下了自己在小窝铺村浓墨重彩的一笔。

在项目实施过程中，我们也一直注重参与式的沟通，村民的想法与建议反馈在了项目设计与实施的各个层面上。石磨碾盘、方形花坛，这些承载村庄记忆的符号被完整地保留与重现，迎着夕阳、花香与山风，留住了乡愁。

在此，我谨代表世界自然保护联盟（IUCN）中国代表处，感谢潘曦老师和北京交通大学无止桥团队一直以来的辛勤付出，感谢爱彼Audemars Piguet、国家地理学会和无止桥慈善基金的支持，感谢参与小窝铺村项目的每一位志愿者和村民。小窝铺村项目从无到有，从构想变成现实，离不开大家的心血与奉献。汗水浇筑梦想，青春绽放芳华，期待未来在小窝铺再次相逢。

金文佳 | 项目经理
世界自然保护联盟中国代表处

机构公众号

金文佳
世界自然保护联盟（IUCN）中国代表处项目经理
2022年4月 北京

序四

|张苏利| 书记
河北承德丰宁县小窝铺村委会

北京的水源地——小窝铺村，在5年的时间里发生了怎样的变化？要是直接问我这个问题，我或许说不清楚，但这本书却给出了很好的答案。书里图文并茂，很快就把人带入了清新、温暖、充满乡土气息的村子里，让人想挽起裤脚去清澈的河水里捉小鱼，想坐在多功能校舍里和村民一起包粽子、吃腊八粥……5年的时间，村里的老人学会了用手机和在外务工的孩子们视频；女人们找到了聚会、跳舞、自我放松的平台；孩子们喜欢上了画画、游戏；这些都是北京交通大学师生们给我们村带来的变化，他们的汗水和奉献，成就了一个好听的名字——"溪芽环境教育中心"。这是一所融学习、活动、餐饮为一体的建筑，同时还包括了坐落在小窝铺村各个角落的便民设施。

北京的水源地——小窝铺村，在5年的时间里发生了巨大的变化。村庄、河道里再也找不到随地乱扔的垃圾，村民们在环教中心学到了环保知识，懂得了怎样保护水源和生存环境。5年的时间，村民们有了求知的欲望，在多功能校舍参与了多次技能培训，寻找着发家致富的路子。如今的小窝铺村，河道两岸树木葱郁，天然林下埋着珍贵的中草药，村子里的小广场飘着欢声笑语，饮水源头的保护设施结实美观。为了实现所有的这些变化，我们不知道让北交大的师生们往返村子多少次，数不清多少个严寒和酷暑，说不尽多少次设计和调研。他们流露的是真诚，付出的是爱心，这些不求回报的帅男靓女们真的和小窝铺结下了深深的情缘。他们来了，村子里生机盎然；他们走了，村民们常念叨下一次相聚的时间。

翻开这本书，发现5年的过程漫长而又短暂。这5年见证了小窝铺悄然无声的变化，也融进了北交大无止桥师生们的酸甜苦辣，书里的图片就是5年过程的再现，字里行间围绕一个"缘"字，一切缘于小窝铺。

张苏利
河北省承德市丰宁县汤河乡小窝铺村委会书记
2022年4月 小窝铺

目录

背景篇
Origenated from Xiaowopu

缘起小窝铺

首都北京的水源地

项目篇

01 环境教育中心
Environmental Education Center
活力重现的小学校
14

02 多功能校舍
Multifunctional School Building
小窝铺里的大道场
26

03 社区公共厨房
Public Kitchen for the Community
暖融融的烟火味
38

04 便民取水点
Public Facility at the Spring
四季长流的山泉水
50

05 干柴沟小广场
Small Square in Ganchaigou Villige
老少咸宜的休闲地
62

06 滨河环教讲堂
Environmental Education Square by the River
小桥流水咫尺间
72

团队篇

总结与展望
Summary and Outlook
可爱的人们
82

缘起小窝铺

首都北京的水源地

Originated from Xiaowopu
The water source of the capital Beijing

本章将介绍我们的项目地点——小窝铺村。
这是一个淳朴、可爱、美丽的村子。
我们的故事就在这里上演。

小窝铺村村民

【项目地点】
河北省
Hebei Province
承德市
Chengde City
丰宁县汤河乡小窝铺村
Xiaowopu Village, Tanghe Township, Fengning County

Location

BACKGROUND: ORIGINATED FROM XIAOWOPU

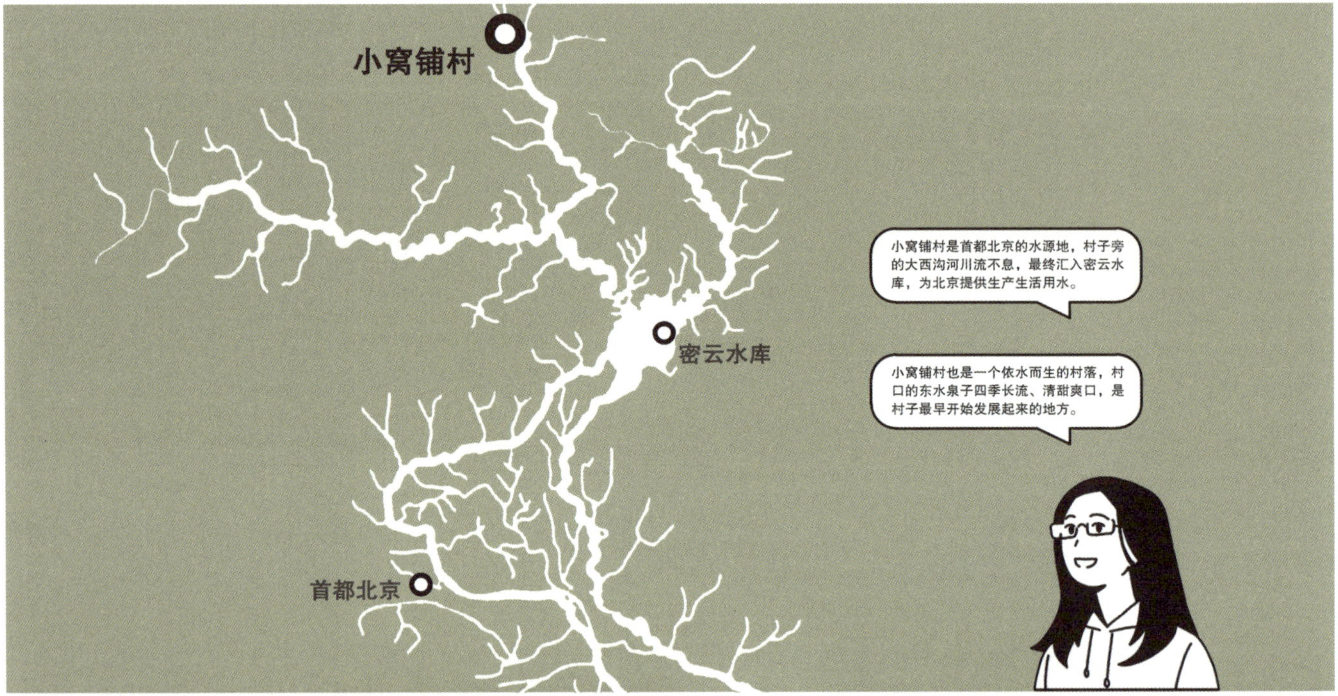

小窝铺村

密云水库

首都北京

> 小窝铺村是首都北京的水源地，村子旁的大西沟河川流不息，最终汇入密云水库，为北京提供生产生活用水。

> 小窝铺村也是一个依水而生的村落，村口的东水泉子四季长流、清甜爽口，是村子最早开始发展起来的地方。

LOCATION 村落区位

00 缘起小窝铺

BACKGROUND: ORIGINATED FROM XIAOWOPU

本书中社区营造的故事发生在小窝铺村，位于河北省承德市丰宁县汤河乡。这个村庄看似平常，却有一个特殊的身份——首都北京的水源地。该村地处潮白河流域，北京市近半用水量的来源——密云水库的上游。2015年，它被联合国观察员组织世界自然保护联盟（IUCN）作为北京的水源地，列入了"大都市水源地饮用水可持续保护项目"。

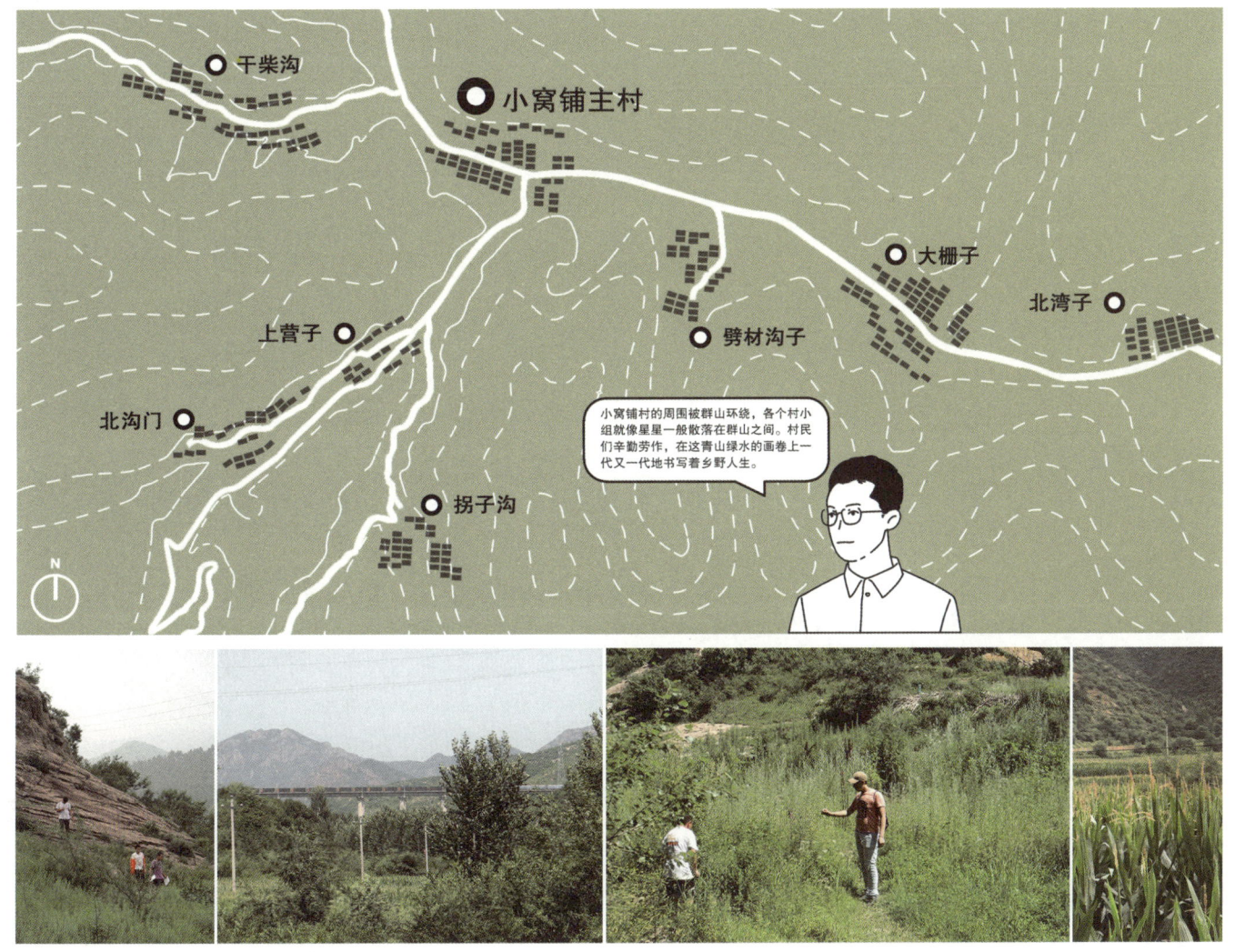

小窝铺村包括7个村民小组，截至2021年年底，总人口720人。该村地处山区，当地村民主要靠务农为生，收入较低。为了提高收入水平，大量中青年村民外出务工，村中常住人口主要为中老年人及在邻近村镇上学的中小学生。村庄还保留着一些社会活力：除了日常农作之外，妇女们经常组织广场舞、绣花等活动；每年的三月、六月，村中会请神求雨、唱戏祭祀，十分隆重；冬季农闲时节，尤其春节前后，是各类喜事宴请最为集中的时期。

小窝铺主村航拍图

干柴沟村小组　小窝铺主村

00	LOCATION	PROJECTS					BACKGROUND: ORIGINATED FROM XIAOWOPU
缘起小窝铺	[村落区位]	[项目分布]					

环境教育中心　2017年，团队将村中废弃小学的室外院落进行了改造，为村民室外休闲锻炼提供场所，还对毗邻学校的露天戏台进行了修缮。

多功能校舍　2018年，团队将小学的室内改造为一个多功能空间，可供集会议事、摆设宴席、临时住宿等功能使用。

社区公共厨房　2019年，团队将小学中废弃的伙房改造为社区公共厨房，可供村民和志愿者使用，并增设了室外棚子用于宴席时搭设锅灶。

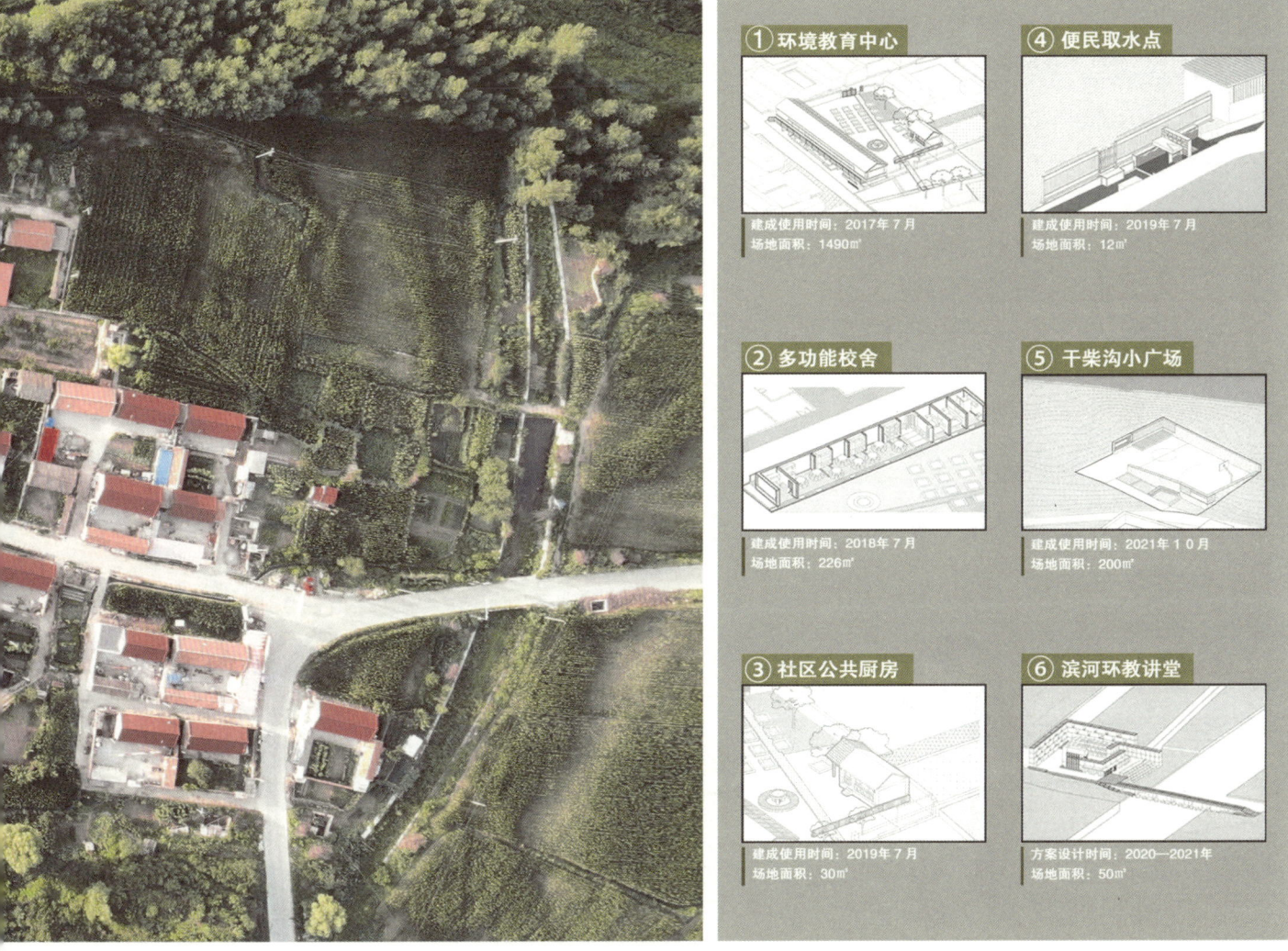

① 环境教育中心	④ 便民取水点
建成使用时间：2017年7月 场地面积：1490㎡	建成使用时间：2019年7月 场地面积：12㎡
② 多功能校舍	⑤ 干柴沟小广场
建成使用时间：2018年7月 场地面积：226㎡	建成使用时间：2021年10月 场地面积：200㎡
③ 社区公共厨房	⑥ 滨河环教讲堂
建成使用时间：2019年7月 场地面积：30㎡	方案设计时间：2020—2021年 场地面积：50㎡

BACKGROUND: ORIGINATED FROM XIAOWOPU

便民取水点 2019年，团队在村头的水源"东水泉子"处建设了取水节点，让村民一年四季都可以安全、方便地取水用水，深受村民们喜爱。

干柴沟小广场 2021年，团队在干柴沟村民小组建设了村民活动广场，可供村民日常休闲锻炼或摆设露天宴席使用。

滨河环教讲堂 2020—2021年，团队在村民常用的过河点设计了步行便桥，在桥头设计了景观平台，用于户外环境教育活动，但由于多方面原因，方案最终未能实施。

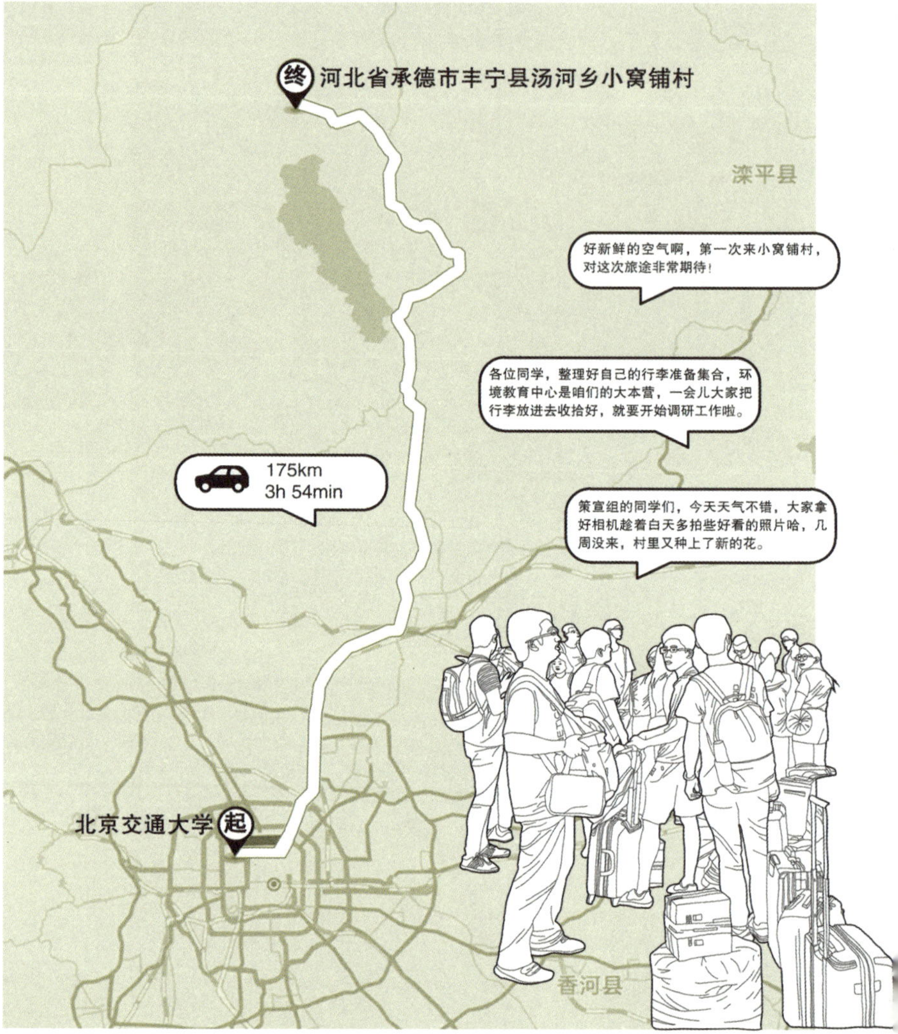

统筹
团队统筹的主要职责是整体策划和组织开展团队的各项工作。每年的团队任务会围绕一个主体项目进行，施工前会组织数次调研和民生活动。这些活动的进行离不开团队各小组同学的努力。

设计组
设计组的同学会负责主体项目的设计与落地，还会参与一系列项目调研工作。

企划组
企划组主要负责团队的财务管理，进村活动时也会负责大家的食宿安排，还会帮忙组织民生活动，是大家的后方保障大队。

策宣组
策宣组主要负责记录大家的工作日常，运营团队公众号，宣传团队工作内容与成果，以及设计制作各类周边纪念品。书里的大部分美照都是策宣组的同学们拍摄的。

终 河北省承德市丰宁县汤河乡小窝铺村

滦平县

好新鲜的空气啊，第一次来小窝铺村，对这次旅途非常期待！

各位同学，整理好自己的行李准备集合，环境教育中心是咱们的大本营，一会儿大家把行李放进去收拾好，就要开始调研工作啦。

175km 3h 54min

策宣组的同学们，今天天气不错，大家拿好相机趁着白天多拍些好看的照片哈，几周没来，村里又种上了新的花。

北京交通大学 **起**

香河县

| 00 | LOCATION | PROJECTS | OPERATION | | |
| 缘起小窝铺 | 村落区位 | 项目分布 | 工作方式 | | BACKGROUND: ORIGINATED FROM XIAOWOPU |

团队由三个不同的职能小组组成，分别是设计组、企划组和策宣组。三个小组由担任统筹的同学负责整体管理。统筹需要制订每年的项目计划，安排好日常的工作内容，团队的各个小组根据整体安排相互配合，完成不同方面的工作。除了日常在校内可以完成的工作外，调研、民生活动和施工建设都需要同学们前往小窝铺村实地开展。

民生活动

与调研同时开展的民生活动,让团队更好地融入到小窝铺村村民的生活中。

需求调研

队员们通过走访调研,了解村民们的真实需求,为设计提供依据。

场地测绘

前期的场地测绘非常关键,只有准确的测绘才能保证设计方案最终的顺利落地。

施工建设

施工建设一般在暑期举行,作为一年项目的收官活动,通常会招募学生志愿者一起参与施工实践,是一次为期数天的乡村建造嘉年华。

BACKGROUND: ORIGINATED FROM XIAOWOPU

团队在村里的工作内容主要包括开展项目需求调研、场地测绘和施工建设,以及组织民生活动。团队到达村里后,先在环境教育中心集合并放置行李物品,然后开展工作。一日三餐通常在邻村饭店预订,有时也会在村民家用餐,或者携带食材自行烹饪。为了保证安全,一般在白天开展各项工作,晚饭后召开每日例会,汇总和交流各组工作进度。如果遇到节日,也会邀请村民一起聚餐或者举行联欢活动。晚上,企划组会安排同学们在环境教育中心内的大通铺和客房居住,人数较多时也会在村民家中借宿。

[LOCATION 村落区位][PROJECTS 项目分布][OPERATION 工作方式][LIVELIHOOD 多彩民生]

BACKGROUND: ORIGINATED FROM XIAOWOPU

00 缘起小窝铺

小窝铺村里有非常多的动物,它们是村落日常生活中不可或缺的组成部分。这些动物对于生活在城市里的志愿者们来说都是新鲜事物,让大家印象深刻。此外,各类植物也是小窝铺村重要的组成部分。在田间,玉米是村里最重要的农作物,到了秋天丰收的时节,整个村庄都被郁郁葱葱的玉米包围。在村民家中,各式各样的观赏花卉把院落装点得五彩缤纷、生机勃勃。这些植物的时间节律提示着四季的时光轮转,也与村民们的生活周期相协调。

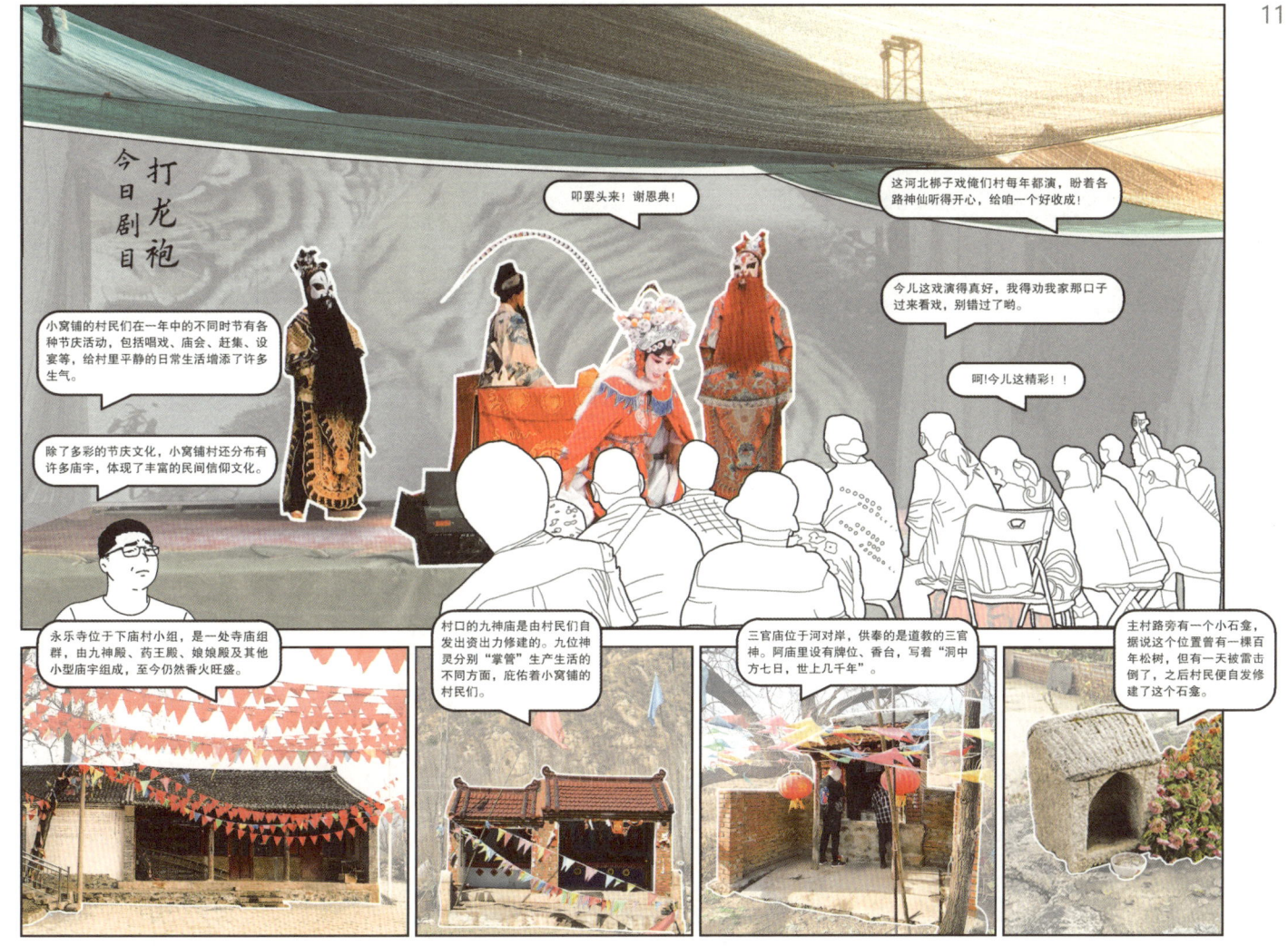

从二月的庙会，三月的河北梆子戏，六月的唱戏祈雨，腊八节煮腊八粥，到过年吃杀猪饭，还有每周的汤河乡赶集，小窝铺村的节庆活动各式各样，村民们的生活五彩缤纷。此外，小窝铺村虽然村子不大，却有不少神仙。大大小小的庙宇和神龛散布在村中各处，有的位于山间，有的位于田中，也有的就在村中路旁。村民们对这些庙宇的供奉从不中断，即便不足一尺的小庙前也日常摆着一碗酒。可以说，对于各方神明的信仰是小窝铺村民间文化的重要组成部分。

回到2017……
The days before 2017…

【 LOCATION 】【 PROJECTS 】【 OPERATION 】【 LIVELIHOOD 】【 ORIGIN 】
【 村落区位 】【 项目分布 】【 工作方式 】【 多彩民生 】【 建设原点 】   BACKGROUND: ORIGINATED FROM XIAOWOPU

00 缘起小窝铺

小窝铺村的生活虽然丰富多彩，但也有很多不够完善的地方。本书的后续章节将从2017年开始，介绍5年来北京交通大学无止桥团队在这个村落里和村民们一起改善乡村环境与生活的一系列实践。

大家好！我们是北交大无止桥团队，一支服务于乡村建设的公益团队。小窝铺村的发展建设里有什么我们能做的，就尽管交给我们吧！

启程！
Let's begin the journey!

BACKGROUND: ORIGINATED FROM XIAOWOPU

那么从2017年开始到现在，发生了哪些精彩有趣的乡村建设故事呢？请继续阅读吧！

EXPLORATION 01

2017 — 2018

环境教育中心
活力重现的小学校

建成使用时间：2017年7月
单位面积造价：约120元/㎡

Environmental Education Center
The rejuvenated primary school

小窝铺村村民

世界自然保护联盟

服务对象 | 小窝铺村村民 Villagers of Xiaowopu
世界自然保护联盟 IUCN
Target population

设计关键词 | Keywords
公共性·空间秩序 Publicness
认同感·集体记忆 Identity
纪念性·仪式感 Monumentality

01 环境教育中心

DEMANDS 人群需求

村民需求：
村委会提出，希望将废弃小学的室外场地改造为村落的公共活动中心，用于村民休闲锻炼及广场舞活动，此外也希望将小学围墙外的祈雨戏台和观演空间一并修缮。

EXPLORATION 01: ENVIRONMENTAL EDUCATION CENTER

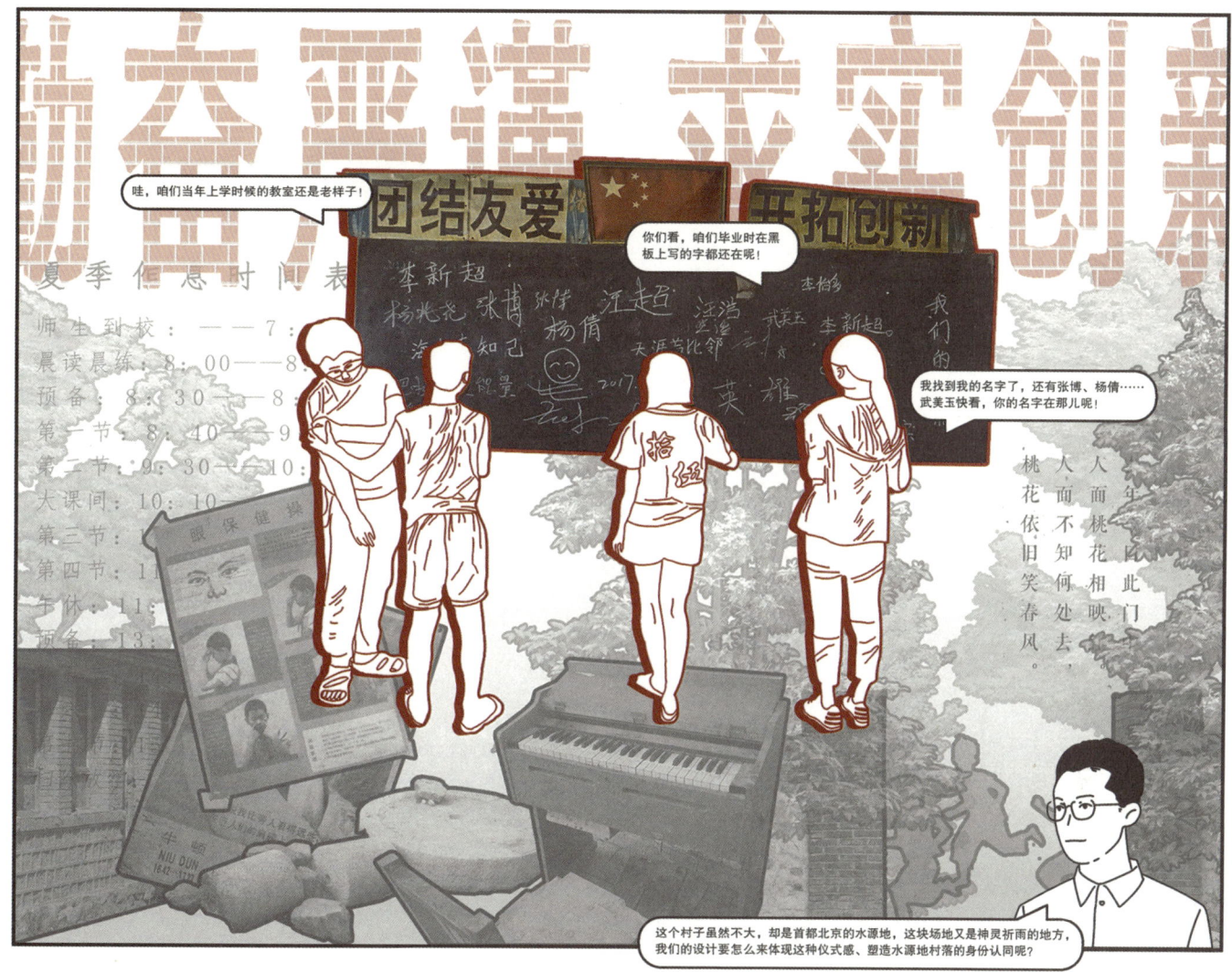

IUCN需求：

多年以来，IUCN一直在小窝铺村持续开展水源地保护工作，希望将这里改造为一处环境教育中心，开展面向村民、学生与社会公众的环境教育活动。

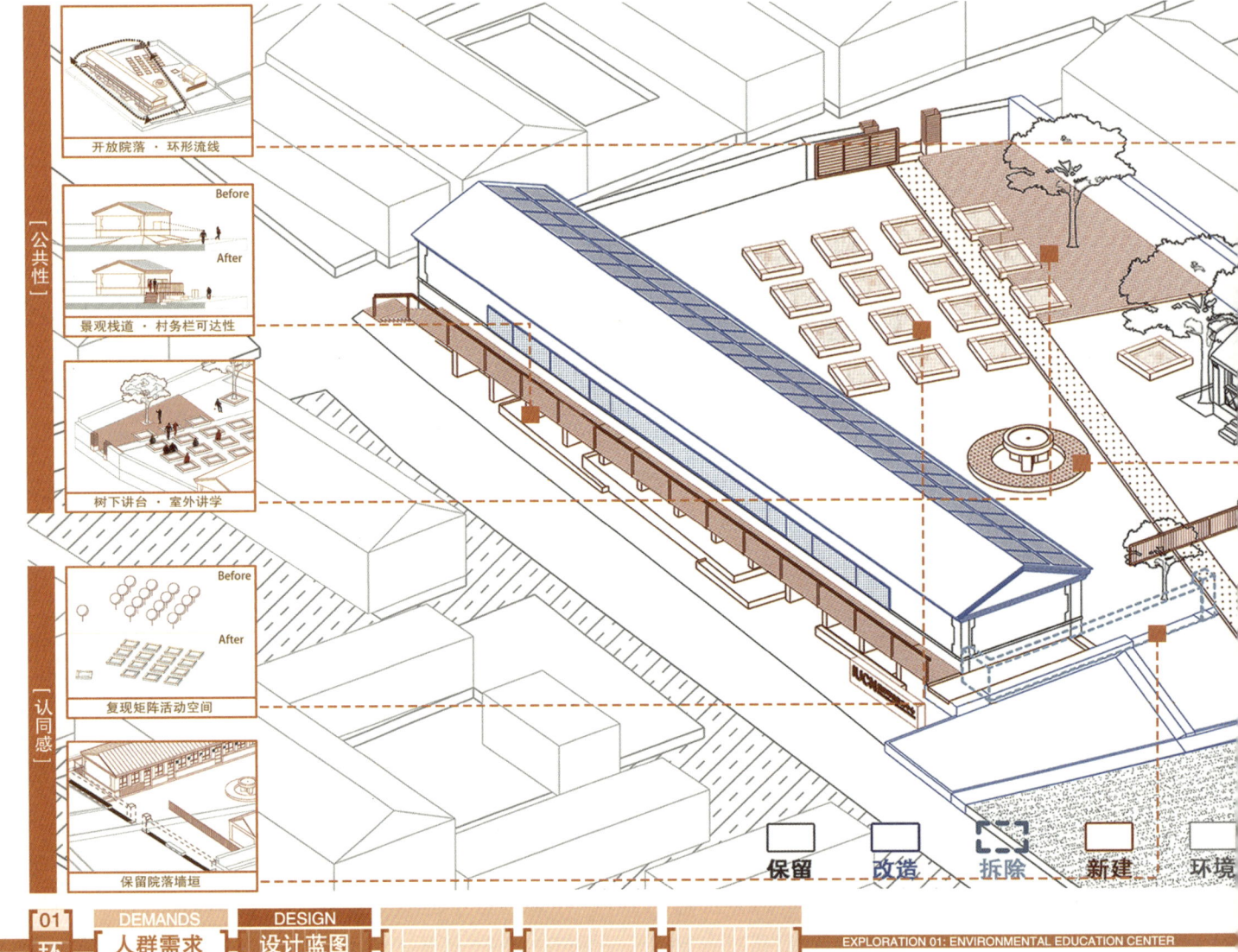

01 环境教育中心 | DEMANDS 人群需求 · DESIGN 设计蓝图

EXPLORATION 01: ENVIRONMENTAL EDUCATION CENTER

环境教育中心改造的设计理念主要包括三点，即通过梳理空间秩序加强公共性、通过保留集体记忆塑造认同感、通过营造空间仪式感形成纪念性。

公共性·空间秩序：
拆除围墙，增加院落次入口，形成环形流线的开放院落；设置北侧栈道，增加村务公开栏的使用便利性与安全性；设置室外讲台与花圃，满足环境教育需求。

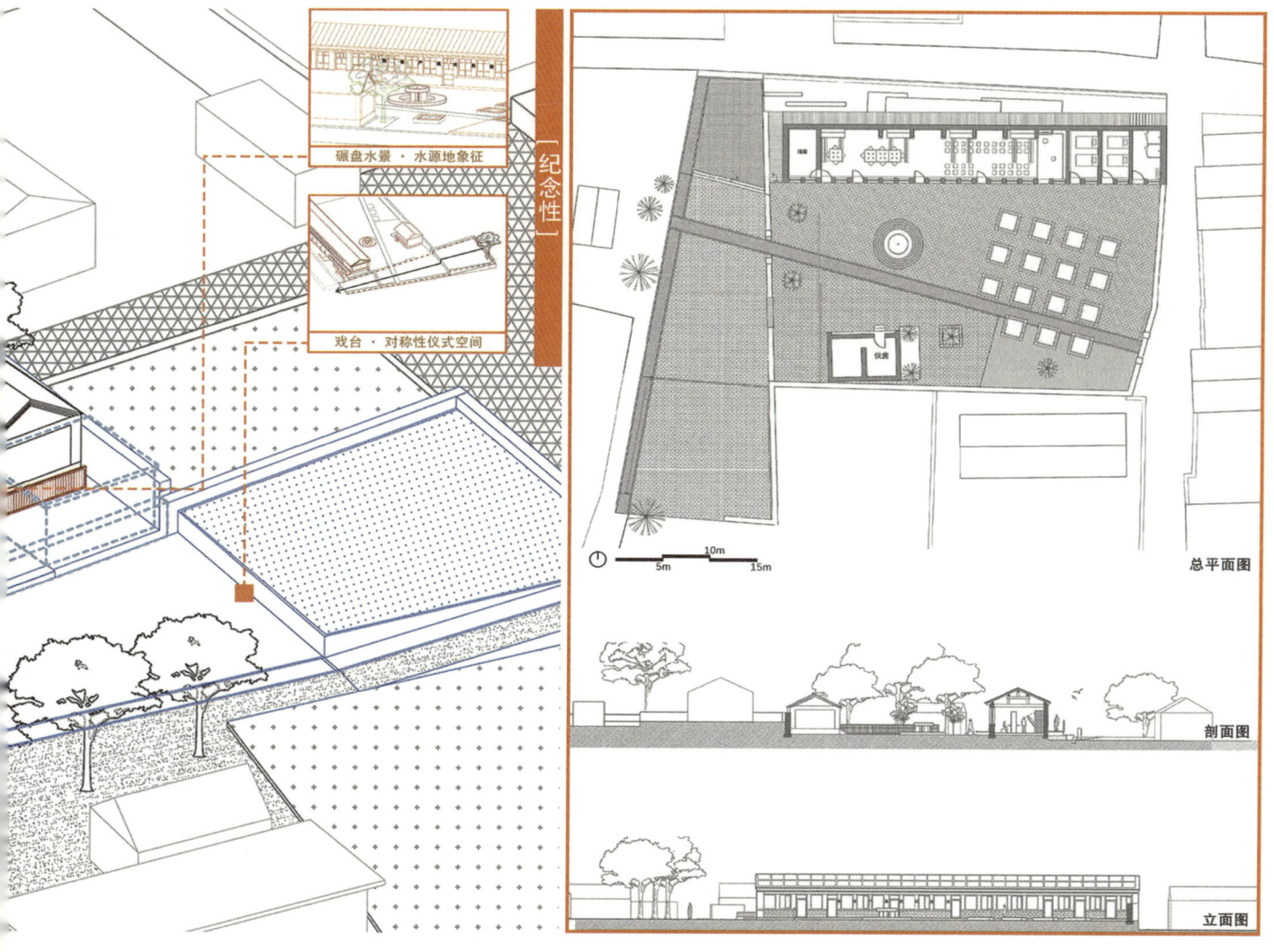

认同感·集体记忆：
保留围墙墙垣、伙房、校舍立面、场地树木，通过花圃设置复现原有杨树林的矩阵格局，保存村落社群对公共空间的集体记忆。

纪念性·仪式感：
将戏台修整为对称空间，与远处的三官庙形成对话，明确公共空间的边界；院中原升旗处设置碾盘，并在保留使用功能的前提下改造为泉水，作为水源地的象征。

① 广场施工 ② 屋面修补 ③ 木条铺装 ④ 室内翻新

室外场地各部分的砖都有不一样的铺法。

伙房虽然不用了,上头的瓦片还是得换。

木条装上之后广场更精神了!

小学室内也给整新点儿。

这些大学生的施工图画得还挺清楚。

01 环境教育中心 【DEMANDS 人群需求】【DESIGN 设计蓝图】【CONSTRUCTION 施工建设】 EXPLORATION 01: ENVIRONMENTAL EDUCATION CENTER

2017年秋天,在村委会的组织下,小窝铺村的13位村民承包了小学和戏台改造的施工,在冬天到来之前完成了室外场地的初步改造工作。

| 01 环境教育中心 | DEMANDS 人群需求 | DESIGN 设计蓝图 | CONSTRUCTION 施工建设 | ACTIVITIES 民生活动 | USE 建成使用 | EXPLORATION 01: ENVIRONMENTAL EDUCATION CENTER |

小窝铺各村组的留守妇女们经常一起活动，广场舞是她们最喜爱的活动形式，但是却一直没有一个稳定、好用的活动场地。小学的室外场地改造一新后，妇女们是最关切、最欣喜的，很快便开始商量把这里作为新的活动场地。

情系小窝铺 温暖妇女节

01 环境教育中心

| DEMANDS 人群需求 | DESIGN 设计蓝图 | CONSTRUCTION 施工建设 | ACTIVITIES 民生活动 | USE 建成使用 |

EXPLORATION 01: ENVIRONMENTAL EDUCATION CENTER

2018年的"三八"国际妇女节，村里的妇女、孩子和大学生志愿者们一起举行了一场别开生面的趣味运动会。老老少少一起拔河、打球、唱歌、跳舞，热闹非凡，大人们似乎又回到了当年在这里上学的时光。这场其乐融融的运动会，像是给改造后的小学校剪了彩，这片废弃多年的场地，再次成为村民们集体活动的公共空间，和更多的集体记忆联系在了一起。

室外场地初步改造完成后,开始陆陆续续地有村民到院子里来散步、遛狗。不过,最频繁使用这个场地的主力人群还是村里的广场舞队。渐渐地,村民们对这个场地有了更强的认同感,开始讨论怎么能让这里更好用、更漂亮。

01	DEMANDS	DESIGN	CONSTRUCTION	ACTIVITIES	USE	
环境教育中心	人群需求	设计蓝图	施工建设	民生活动	建成使用	EXPLORATION 01: ENVIRONMENTAL EDUCATION CENTER

2018年春天，广场舞队自发地组织起来，给所有花坛种上了花。夏天，大学生志愿者和村民们一起商量着又在院子里增加了照明设施和健身器材。有了这些设施，这个社区中心的人气旺了起来，大学生们还在这里给村里的小朋友举办了画展。

2018年夏天,村里唱戏祈雨用上了新戏台,附近各村的村民都聚到这里来听戏,可谓是:"四方戏台起棚厰,河北梆子向庙唱"。

EXPLORATION 02

2017 — 2018

多功能校舍

小窝铺里的大道场

建成使用时间：2018年7月
单位面积造价：约470元/㎡

Multifunctional School Building
The new public center in Xiaowopu

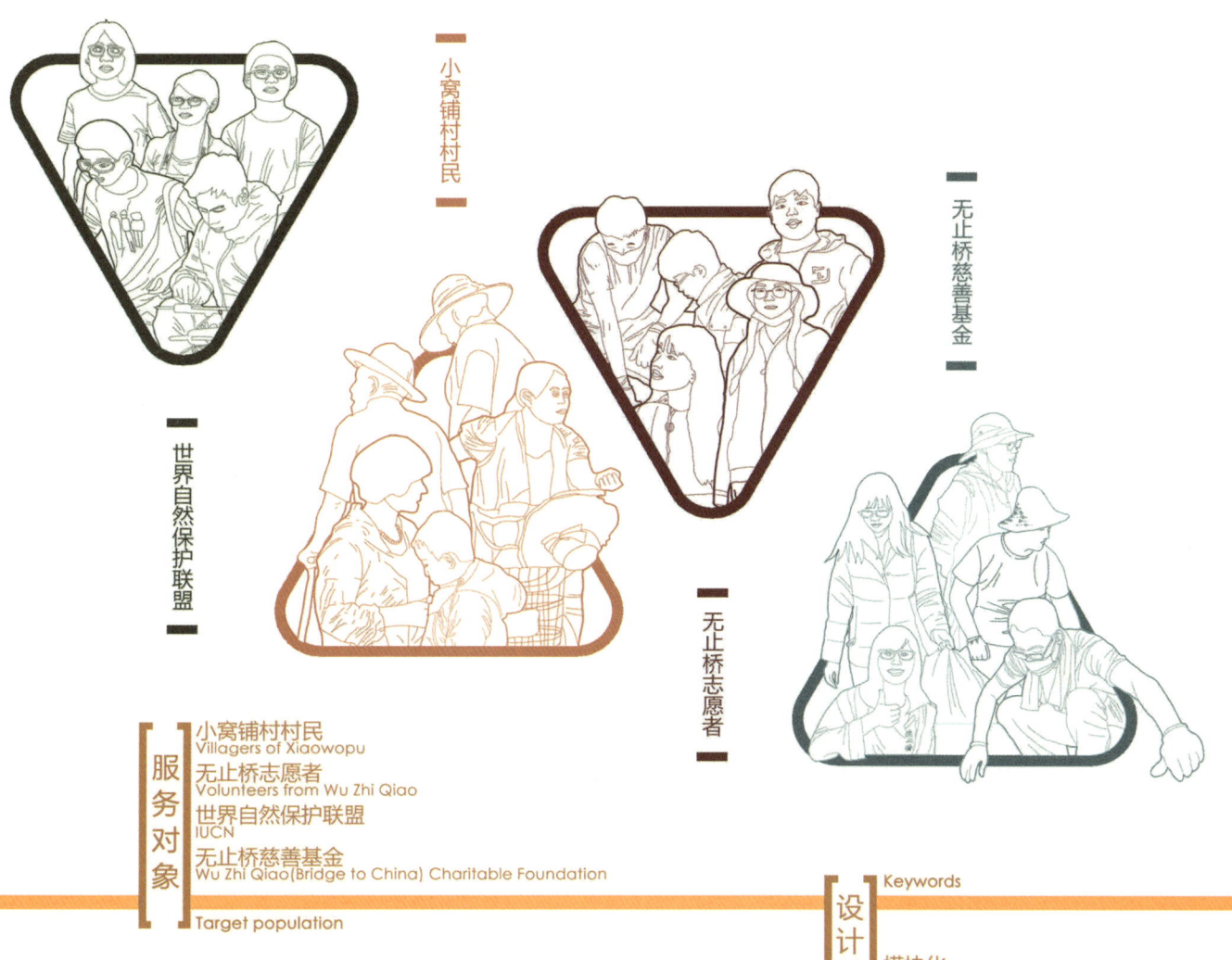

服务对象 Target population
- 小窝铺村村民 Villagers of Xiaowopu
- 无止桥志愿者 Volunteers from Wu Zhi Qiao
- 世界自然保护联盟 IUCN
- 无止桥慈善基金 Wu Zhi Qiao (Bridge to China) Charitable Foundation

设计关键词 Keywords
- 模块化 Modularity
- 可变性 Flexibility
- 多功能 Multifunction

02 多功能校舍 | DEMANDS 人群需求

EXPLORATION 02: MULTIFUNCTIONAL SCHOOL BUILDING

在为校舍改造开展调研的同时,团队也为村民们提供了一些生活服务。其中,针对中老年人的智能手机教学、中医义诊和养生讲座最受欢迎。

2018年春天的一个傍晚，夕阳落在小学的广场上。小学的室外场地已经改造完成了，但校舍还不能使用，村民们正在和大学生志愿者讨论怎么把这栋闲置的校舍用起来。

> 教室里可以给小朋友放投影，做环境教育宣讲。

> 以后志愿者们进村可以在这里住宿。

> 大伙儿的想法真多，各有各的要求。可是这教室一共还不到200平方米，怎么才能容纳这么多的功能，满足所有人的需求呢？

> 俺们小时候上课的学校又要热闹起来唠！这教室收拾出来用来开村民大会正合适。

> 戏班子要是有住宿的地方，在这儿多住一天，我们就能多听一天戏。

EXPLORATION 02: MULTIFUNCTIONAL SCHOOL BUILDING

对于小学校舍的改造，参与项目的人群提出了多种多样的需求：村民们希望能在里面摆设红白喜事的宴席，村委会希望能在这里开会讨论，村里搭台唱戏的时候可以给戏班子提供住宿，大学生志愿者希望这里能作为一个工作室和住宿点，IUCN则希望可以在里面举行环境教育的宣讲活动。

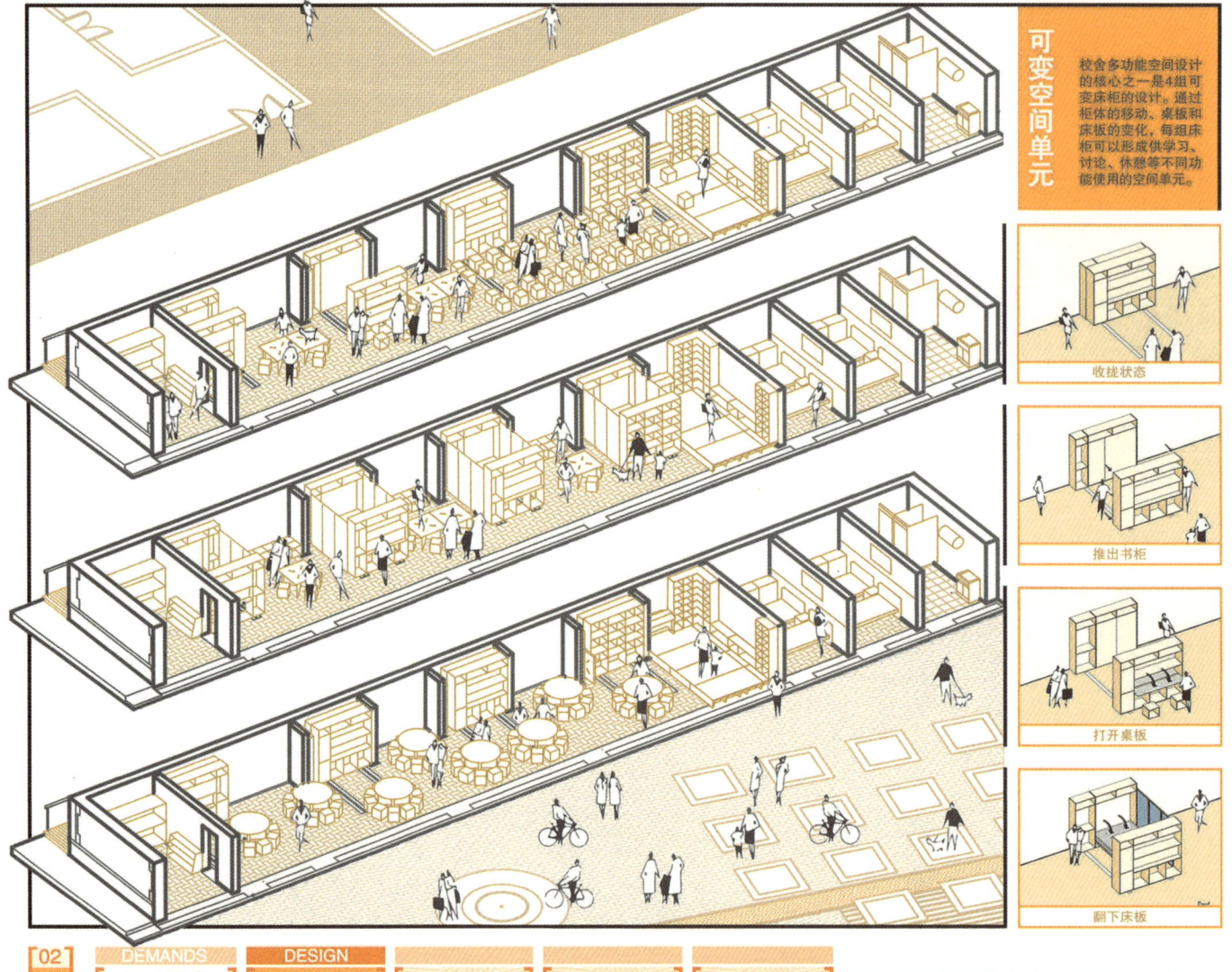

02 多功能校舍

人群需求 — DEMANDS
设计蓝图 — DESIGN

EXPLORATION 02: MULTIFUNCTIONAL SCHOOL BUILDING

校舍的室内面积不足200㎡，而人群的需求却十分多样。考虑到这些活动大多都是偶尔进行的临时性事件，设计团队决定把校舍设计成一个多功能空间。这个目标主要通过两方面的设计来实现：首先，室内的大量家具是模块化的，可以灵活地移动、组合、分拆，满足不同的功能；其次，室内设计了4组可变床柜，每组可变床柜可以收拢为书架、空出室内场地，也可以打开形成一个居住单元，提供书桌、床铺等设施。

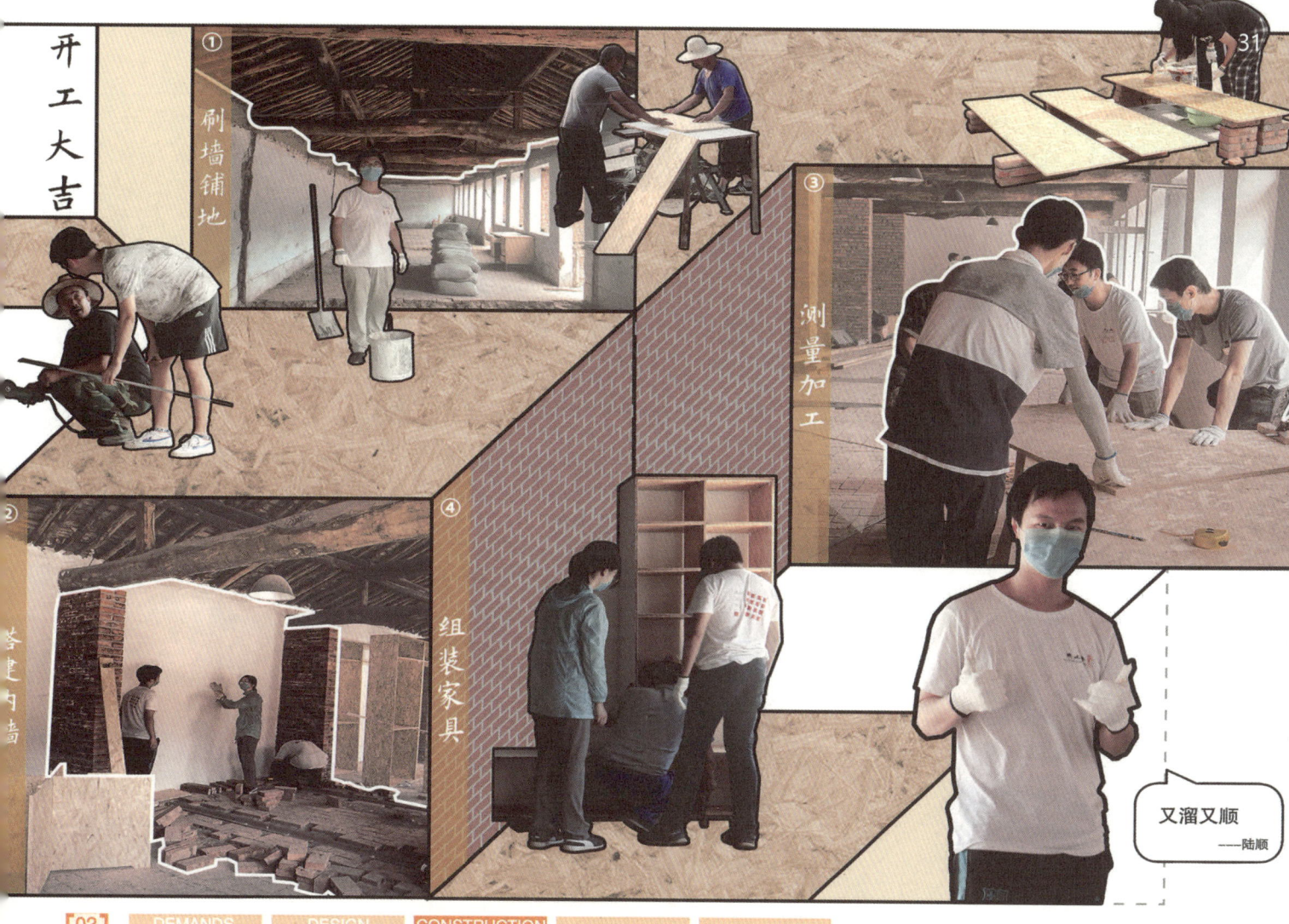

在2017年完成的铺地翻新和墙面粉刷的基础上，2018年夏天，三十多名来自北京、西安、香港等地的大学生志愿者、社会义工和村民们一起，完成了家具的组装。

小窝铺 大道场

[02] 多功能校舍 [DEMANDS 人群需求] [DESIGN 设计蓝图] [CONSTRUCTION 施工建设] [ACTIVITIES 民生活动] [USE 建成使用]

EXPLORATION 02: MULTIFUNCTIONAL SCHOOL BUILDING

校舍改造完成后，多功能空间可以在集会、宴席、住宿等模式下满足不同的功能使用需求。

这一室内空间的改造，使得小学、戏台所在的场地作为一个社区中心的功能更加完善了。平日里，这里是村民跳广场舞、集会活动、办红白喜事的地方；逢年过节，戏班子进村搭台唱戏，人群、车辆、摊贩都聚集到一起，这里就成了一个小型的集市；大学生志愿者进村时，这里是同学们的"工作站"，兼具会议、学习、娱乐、休憩等多重功能。

模式一　集会

绘画教学　妇女节活动　各类晚会

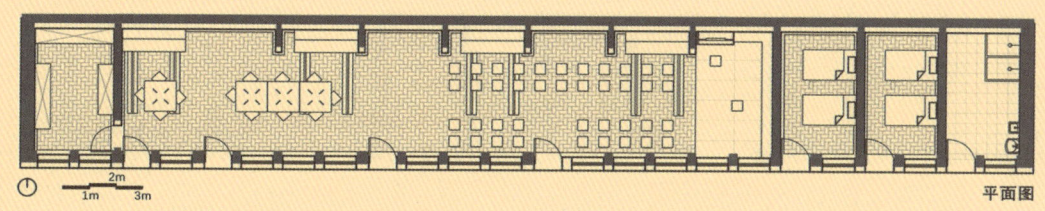

平面图

讲台剖面图

EXPLORATION 02: MULTIFUNCTIONAL SCHOOL BUILDING

模式一：集会
最大容量：120人

设计将校舍的7个开间打通形成主要的大空间，其东端设讲台，布置有灯光、投影、风琴等设备。将4组可变床柜收拢，场地中就可以灵活布置桌椅，用于会议、讲座、观影等各类集会活动。

模式二 | 宴席

腊八节粥宴

端午节活动

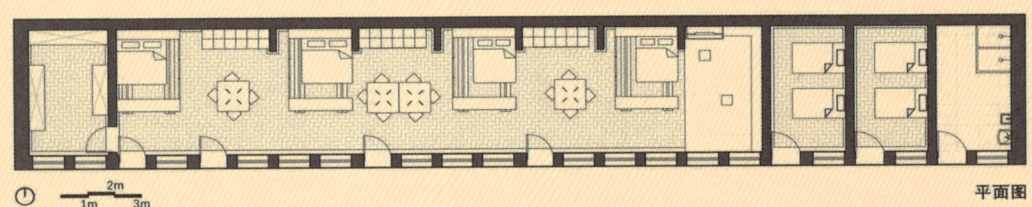

平面图

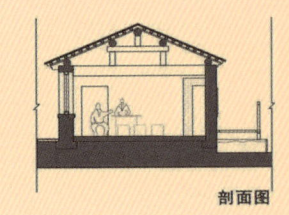

剖面图

【02 多功能校舍】 【DEMANDS 人群需求】 【DESIGN 设计蓝图】 【CONSTRUCTION 施工建设】 【ACTIVITIES 民生活动】 【USE 建成使用】   EXPLORATION 02: MULTIFUNCTIONAL SCHOOL BUILDING

模式二：宴席模式
最大容量：80人

红白喜事是村里最为重要的集体活动之一。摆设宴席时，校舍内提供座凳和方桌，村民自带大圆桌桌板，一共可以布置8桌宴席，每桌容纳10人。饭菜由邻村饭店送餐，或者在院落中做大锅饭。

模式三　　住宿

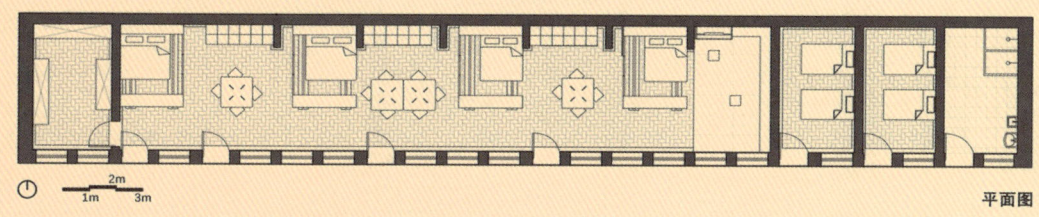

志愿者住宿

小组讨论

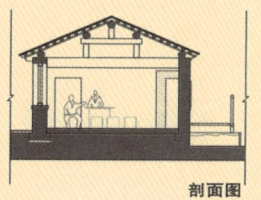

平面图　　剖面图

EXPLORATION 02: MULTIFUNCTIONAL SCHOOL BUILDING

模式三：住宿
最大容量：16人

将大空间中的4组可变床柜打开，放下折叠双人床，两侧设置屏风，就形成了4个居住单元。讲台上可提供4人的地铺空间。此外，大空间东侧设有2个双人间，可供少量访客居住。校舍西侧设有储藏间，可收纳寝具；东侧设有淋浴间，可提供热水。

| 02 多功能校舍 | DEMANDS 人群需求 | DESIGN 设计蓝图 | CONSTRUCTION 施工建设 | ACTIVITIES 民生活动 | USE 建成使用 | EXPLORATION 02: MULTIFUNCTIONAL SCHOOL BUILDING |

EXPLORATION 02: MULTIFUNCTIONAL SCHOOL BUILDING

EXPLORATION 03

2018 — 2019

社区公共厨房
暖融融的烟火味

建成使用时间：2019年7月
单位面积造价：约900元/㎡

Public Kitchen for the Community
Warm smell of cooking

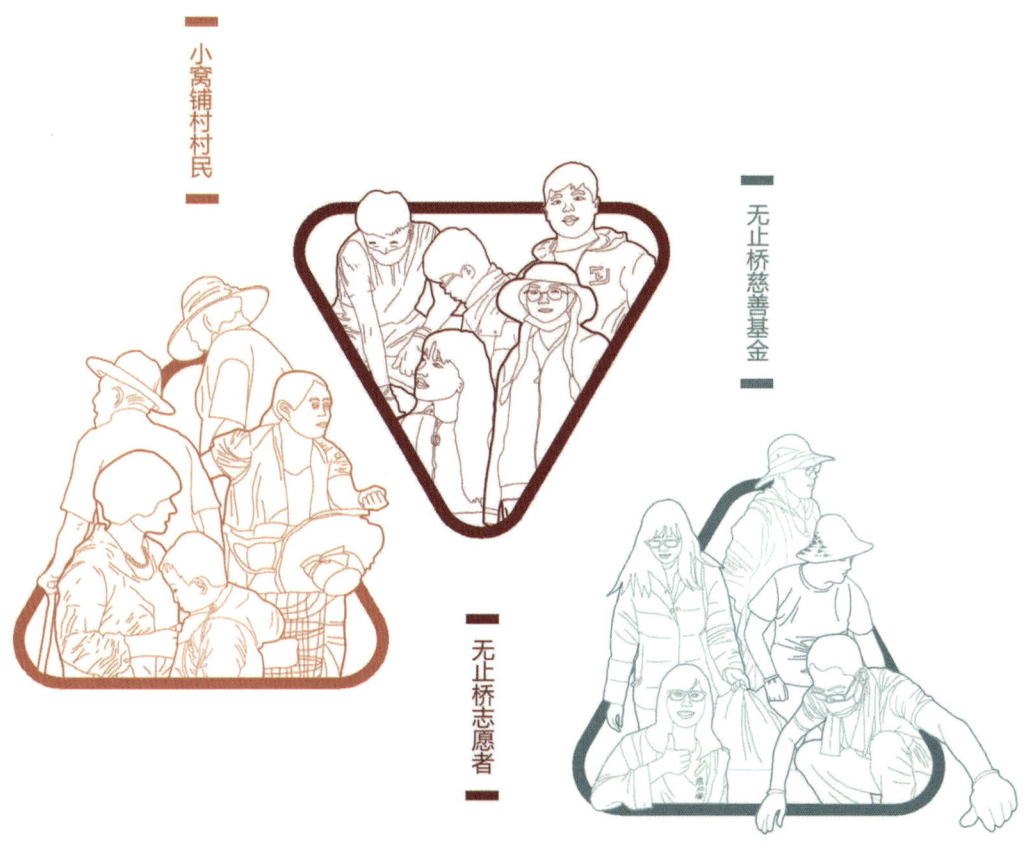

小窝铺村村民

无止桥慈善基金

无止桥志愿者

服务对象
小窝铺村村民 Villagers of Xiaowopu
无止桥志愿者 Volunteers from Wu Zhi Qiao
无止桥慈善基金 Wu Zhi Qiao (Bridge to China) Charitable Foundation
Target population

设计关键词 Keywords
便利性 Convenience
公共性 Publicness
集体记忆 Collective Memory

03 社区公共厨房

DEMANDS 人群需求

EXPLORATION 03: PUBLIC KITCHEN FOR THE COMMUNITY

村中小学原来有一栋两开间的平房作为伙房使用，小学停办以后一直闲置。2018年环境教育中心改造完成后，来这里集会、遛弯、跳广场舞的村民越来越多，大家就提出想把这栋闲置的伙房改造成社区公共厨房，这样红白喜事设宴或者其他集体活动的时候，村民们就可以在这里做大锅饭了。

经过现场调研、测绘,以及和村民们的交流,志愿者们明确了社区公共厨房的功能定位:这里主要是给村民们设宴、集体活动时使用,同时也给临时住宿的志愿者、戏班子作为厨房使用。

	钢架焊接
①	
	钢架上漆
②	
	博风板安装
③	
	木板铺设
④	
	挂瓦条铺设
⑤	
	瓦片铺设
⑥	

伙房外棚搭建过程图解

03 社区公共厨房

【 DEMANDS 人群需求 】【 DESIGN 设计蓝图 】

EXPLORATION 03: PUBLIC KITCHEN FOR THE COMMUNITY

2018年年初，志愿者和工匠们先完成了伙房外棚的搭建，这处半室外的空间可供村民们临时搭灶支锅、做大锅饭使用，也可供志愿者们室外烧烤、用餐使用。棚子的高度、进深、屋顶坡度都参照了原有的伙房，屋面的颜色也与之协调，在形态上成为了旧建筑的自然延伸，材料上则使用了更坚固耐久的钢材和防腐木材。

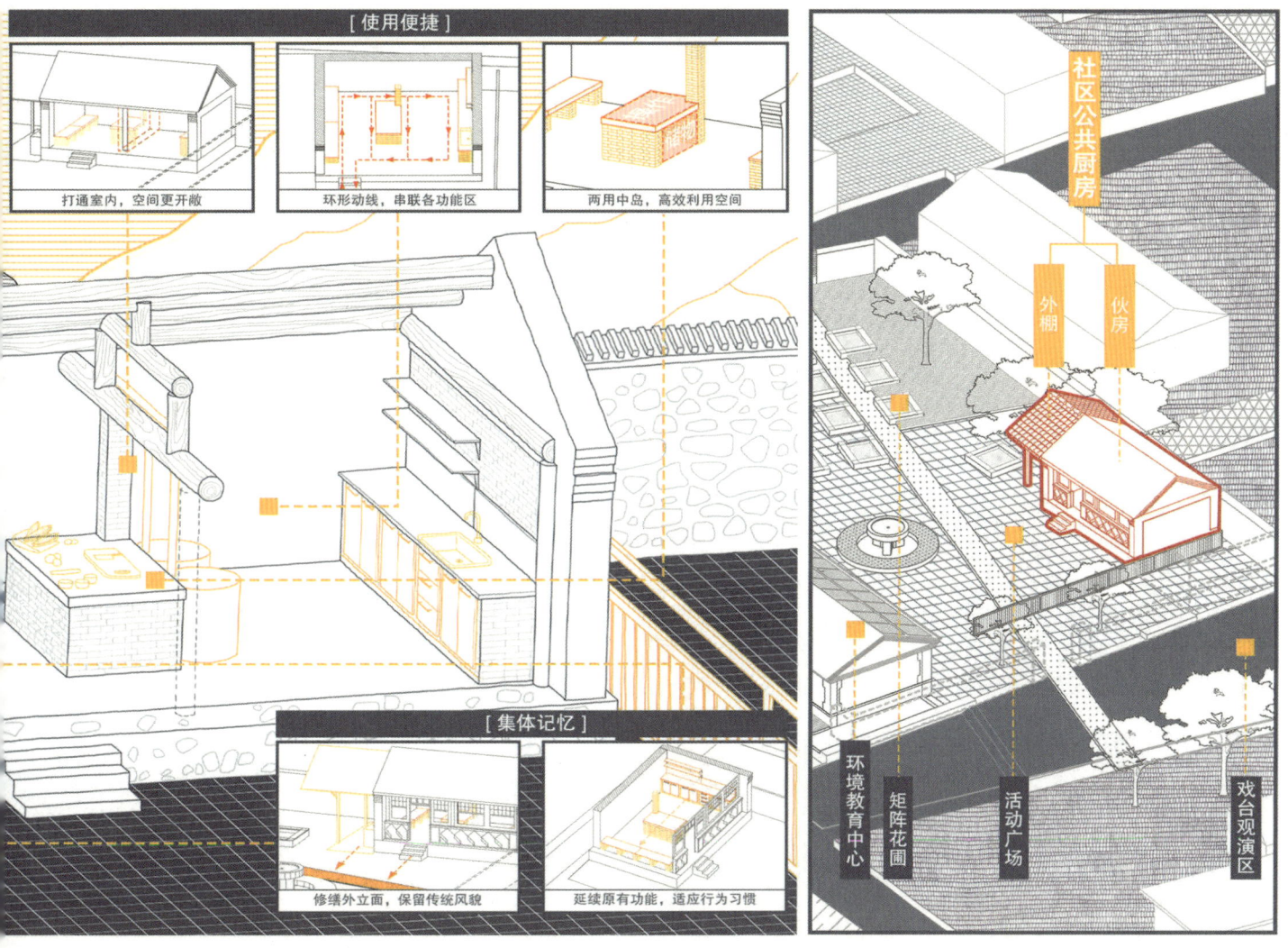

伙房的改造完成后，过去村中废弃的小学成为了一处具有饮食、住宿、工作、休闲娱乐等完整生活功能的公共空间。无论是村民们的集体活动、公众环境教育，还是大学生志愿者们的乡村实践，都可以把这里作为一处基地。

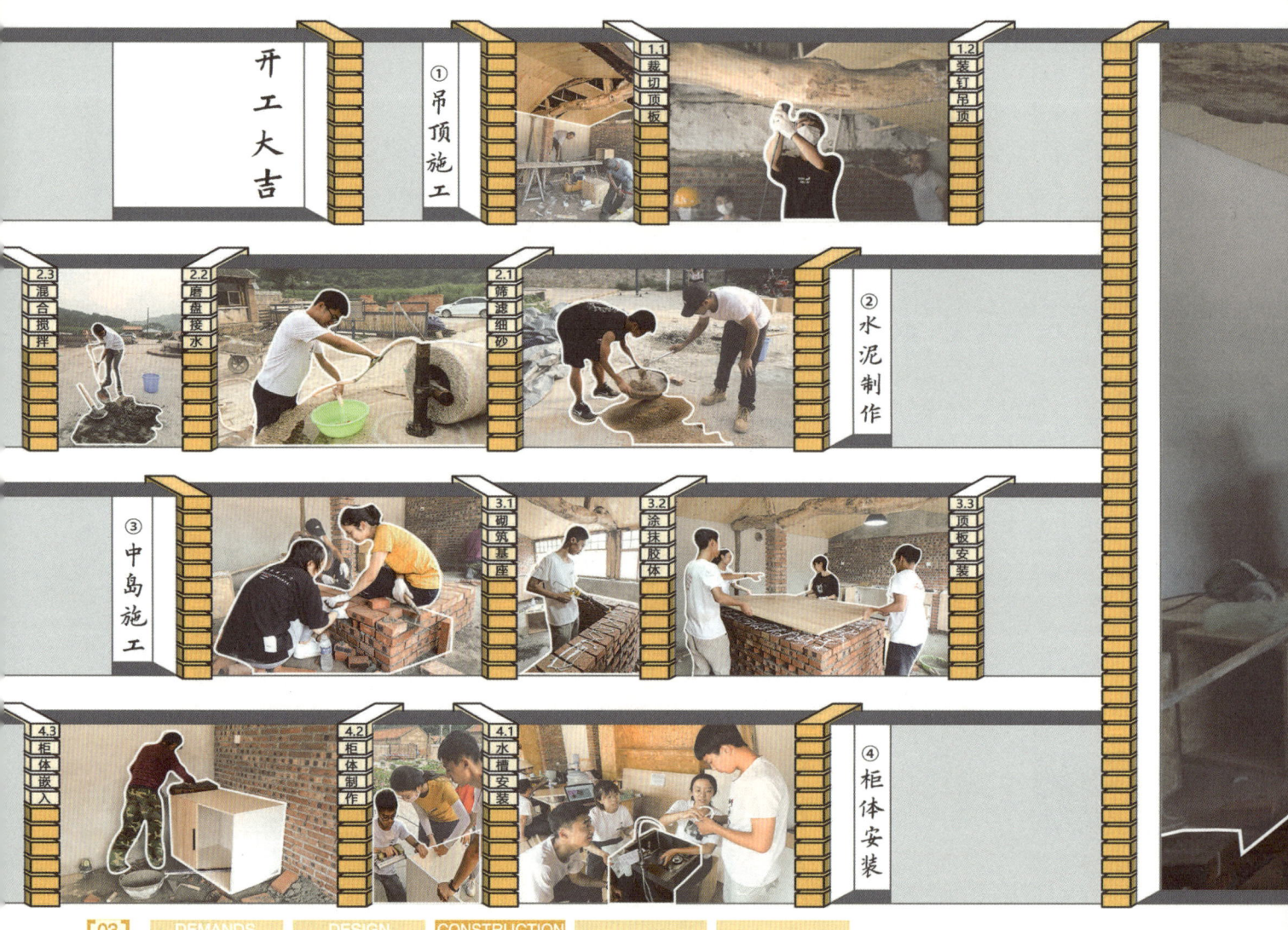

2018年夏季，志愿者和工匠们一起完成了伙房室内的改造施工，把自己精心设计的方案一步一步变成了现实，也深切地体会到了实际建造和纸上设计之间的巨大差别。实践出真知，可以说，这里既是一个施工现场，也是一个校外课堂。

[03] 社区公共厨房

改造后的伙房,明亮、整洁、温暖。这里不仅是拥有储藏、洗涤、烹调等一应功能的厨房,还成为了同学们喜爱的"休闲吧",在这里喝茶、聊天、观景、玩耍,都十分惬意。

没有什么疲劳是一顿烧烤不能抹去的。伙房改造完成后,志愿者和村民快乐地享用起了烧烤,标志着这个社区公共厨房的正式启用。

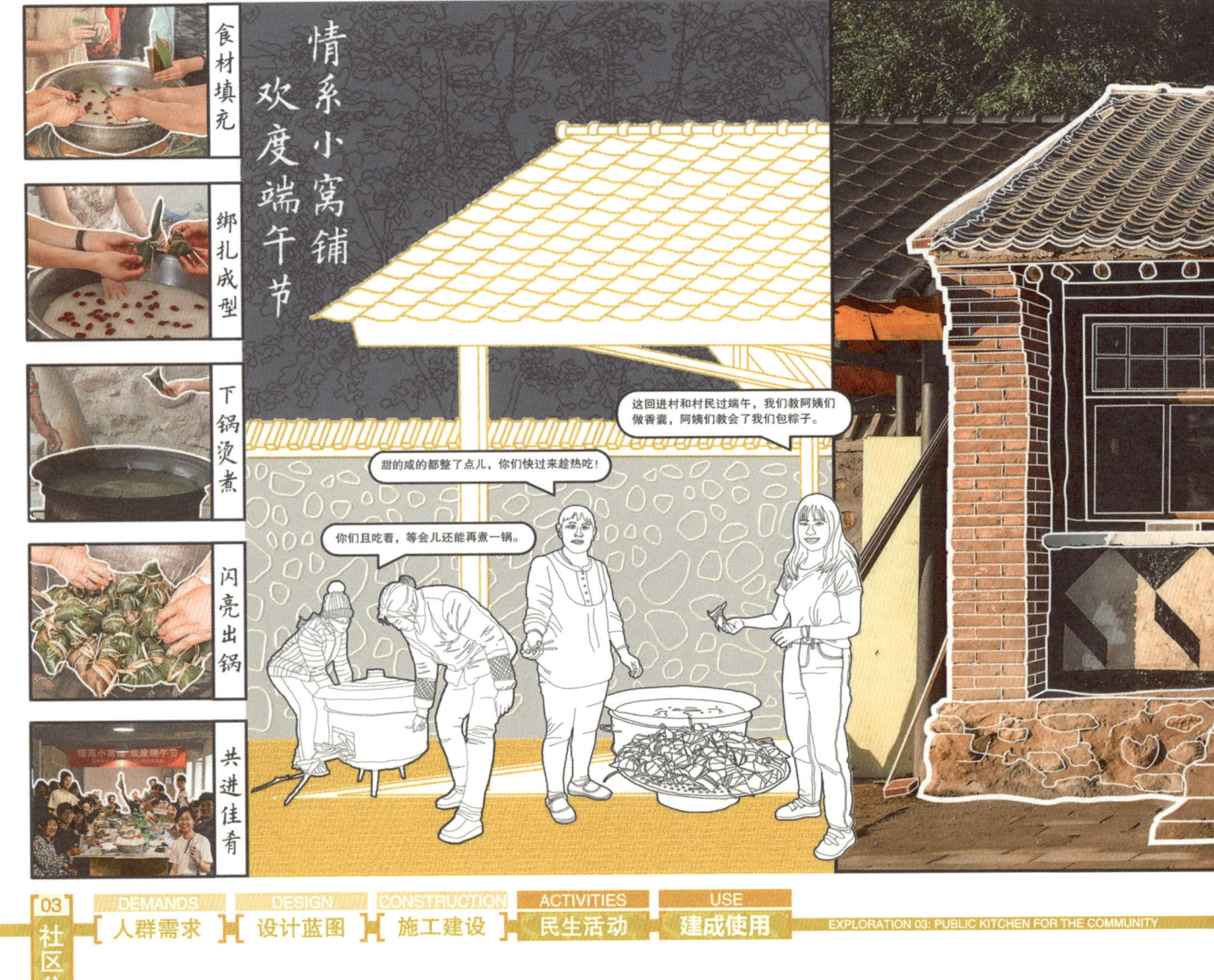

EXPLORATION 03: PUBLIC KITCHEN FOR THE COMMUNITY

EXPLORATION 04

2018 — 2019

便民取水点
四季长流的山泉水

建成时间：2019年7月
单位面积造价：约1410元/㎡

Public Facility at the Spring
Mountain spring flowing all the year round

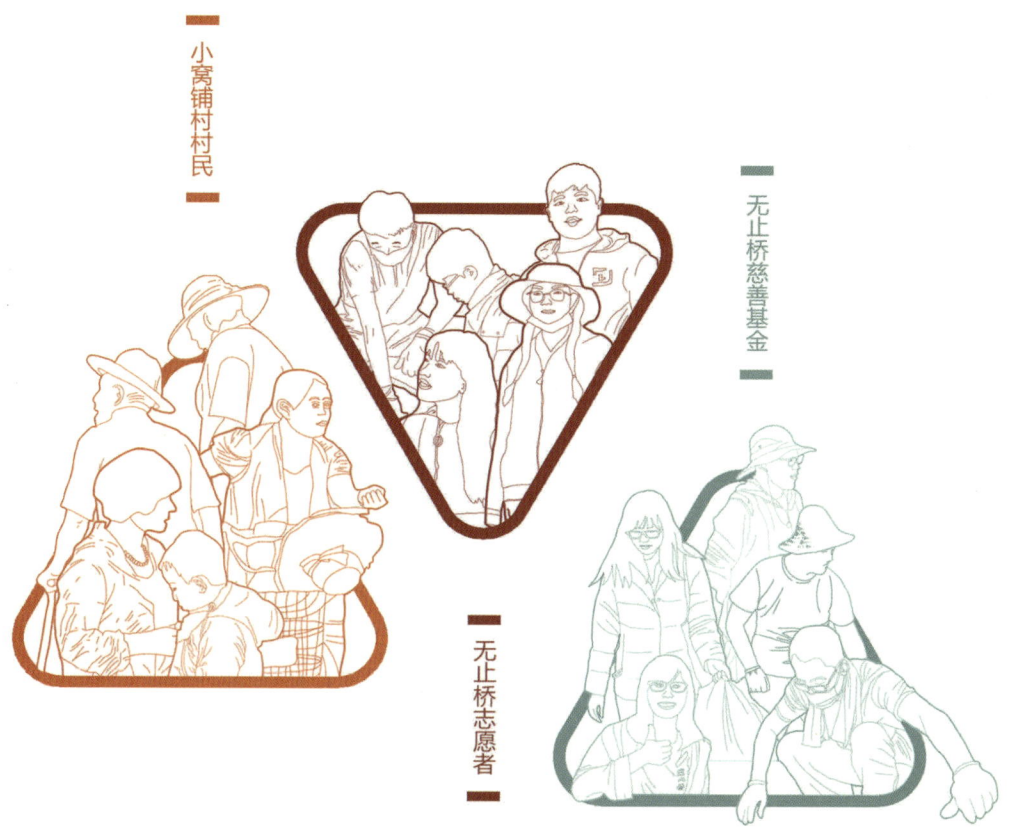

服务对象	小窝铺村村民 Villagers of Xiaowopu
	无止桥志愿者 Volunteers from Wu Zhi Qiao
	无止桥慈善基金 Wu Zhi Qiao (Bridge to China) Charitable Foundation
Target population	

设计关键词	便利性 Convinience
	可达性 Accessibility
	公共性 Publicness
Keywords	

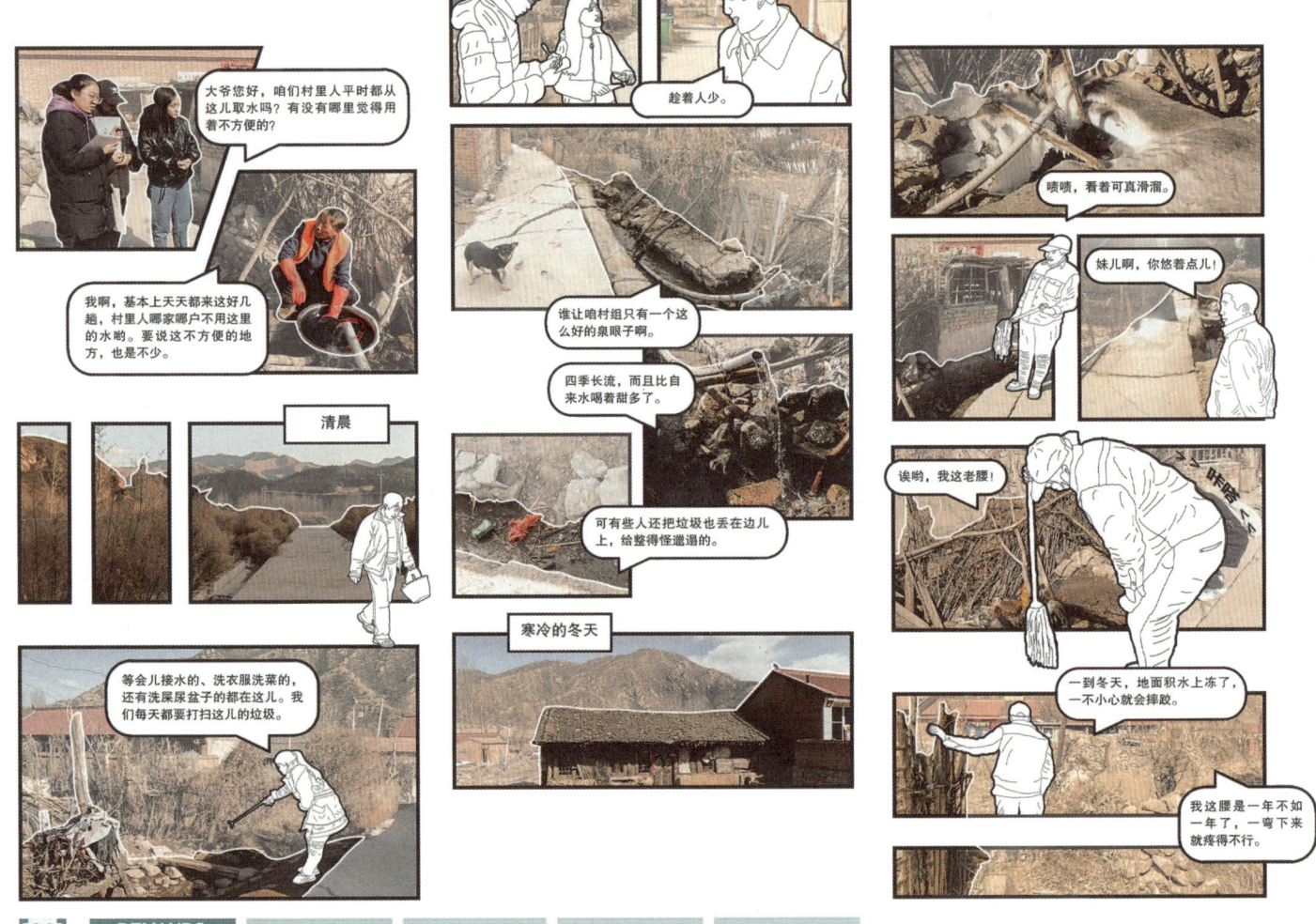

04 便民取水点　DEMANDS 人群需求

EXPLORATION 04: PUBLIC FACILITY AT THE SPRING

小窝铺村最早是依靠村子东侧的一处泉水发展起来的，村民们称其为"东水泉子"。这处地下泉水四季长流、水质清冽，是村民们生产生活中不可或缺的重要水源。在2018年之前，村民们用水管将泉水沿排水明渠引至主路边，日常用水需要蹲在水管口处，十分不便。

EXPLORATION 04: PUBLIC FACILITY AT THE SPRING

取水设计需求：
（1）出水口应当有足够的水压，能够常年出水，保障村民们的全年使用；（2）在可能的情况下尽量满足多人同时使用，减少用水高峰期的等待时间；（3）村民们用水主要有站姿和蹲姿两种姿势，在人体工学设计上应尽可能满足两种姿势下的便利性和舒适性；
（4）小窝铺村冬季寒冷，取水点应避免冬季地面积水结冰，给使用带来安全隐患。

[04] 便民取水点 | DEMANDS 人群需求

EXPLORATION 04: PUBLIC FACILITY AT THE SPRING

在设计过程中，志愿者们多次和村民们一起开会讨论方案。取水点的改造关系着所有人的日常生活，村民们在讨论中表现出了很高的积极性。女性村民们给出了许多使用上的需求，男性村民们则与同学们讨论了不少技术细节。

04	DEMANDS	DESIGN			EXPLORATION 04: PUBLIC FACILITY AT THE SPRING
便民取水点	【 人群需求 】	设计蓝图			

最终，志愿者们完成了一个精巧的设计方案。方案避开道路，在排水明沟上方架设了一个平台。平台两侧均设有出水口可供村民使用，一侧供站姿洗衣、洗菜等使用，另一侧供蹲姿接水、涮墩布等使用。材料使用石材、红砖、青瓦及钢材，钢格板地面让水流可以通过明沟排走，不易积水结冰。

开工大吉

① 修道路　② 备水泥　③ 支模板　④ 锯方钢　⑤ 搭钢骨

> 施工第一天，钩机进场挖方的时候把路给压裂了。咱得先把路修好，再搭取水平台，不仅耽误了几天工期，这水泥沙子的用量也一下子多了不少，预算恐怕要超了。下次做施工方案一定得再三仔细确认场地条件。

> 拌水泥，我们已经是熟练工了。

> 没事儿，好事多磨。大家一起加班加点，干活不累！

| 04 便民取水点 | DEMANDS 人群需求 | DESIGN 设计蓝图 | CONSTRUCTION 施工建设 | | EXPLORATION 04: PUBLIC FACILITY AT THE SPRING |

2019年夏季，志愿者和工匠们经过4天的辛勤工作，一起为村民们建造了一个崭新的取水点。在施工过程中，志愿者们还为毗邻的菜地修建了新的篱笆和入口。

⑥ 立竹围　⑦ 置格板　⑧ 支水管　⑨ 添红砖　⑩ 加瓦片

转角和材料交接的地方施工时要特别仔细，不然尺寸很容易对不上。

搬砖不易，砌花砖更不易啊，砂浆的配比、用量、平整度都很重要。

第一天　第二天　第三天　第四天

EXPLORATION 04: PUBLIC FACILITY AT THE SPRING

[04] 便民取水点

DEMANDS 人群需求 | DESIGN 设计蓝图 | CONSTRUCTION 施工建设 | ACTIVITIES 民生活动

EXPLORATION 04: PUBLIC FACILITY AT THE SPRING

物质建设与行为引导相结合：

在施工组火热建设的同时，另一边的志愿者们则在组织环境教育活动，通过野外的植物资源认知及垃圾分类讲座建立村民们的环保意识。此外，考虑到环保行为模式需要长时间培养，团队还建设了线上的村落数字博物馆，将村落自然资源信息上传至云端。线上线下结合的沉浸式游玩体验，有效地调动了村民及学生参与的积极性，也为日后环境教育中心的教学推广打好了基础。

寓教于乐：

环境教育还包括实践性的内容，如废物再利用和植物拓印包的制作。村民们在拓印时有机会去感受叶片形状和纹理的自然之美，而水泥小花盆的制作用到了废弃的塑料瓶和施工过程中剩余的水泥砂浆，制作完成后，小朋友们在里面种上从山间采集来的植物。环境教育讲座带给村民的是无形的知识，而帆布包和小盆景则作为环境教育活动的实体纪念品被村民们各自带回家中。

[04] 便民取水点　【 DEMANDS 人群需求 】【 DESIGN 设计蓝图 】【 CONSTRUCTION 施工建设 】【 ACTIVITIES 民生活动 】【 USE 建成使用 】　EXPLORATION 04: PUBLIC FACILITY AT THE SPRING

新的取水点完成后，志愿者们迫不及待地成为了第一批使用者。两侧的出水口均能顺畅出水，台面、台阶的高度用起来也非常舒适。从此，"东水泉子"这个跟小窝铺村落历史一样久的地名，拥有了一处与之匹配的物质空间，这里不仅成为村民们日常取水、用水的地方，也是大家聚集交流的公共空间。

EXPLORATION 04: PUBLIC FACILITY AT THE SPRING

EXPLORATION 05

2020 — 2021

干柴沟小广场
老少咸宜的休闲地

建成使用时间：2021年10月
单位面积造价：约470元/㎡

Small Square in Ganchaigou Village
A leisure place for young and old

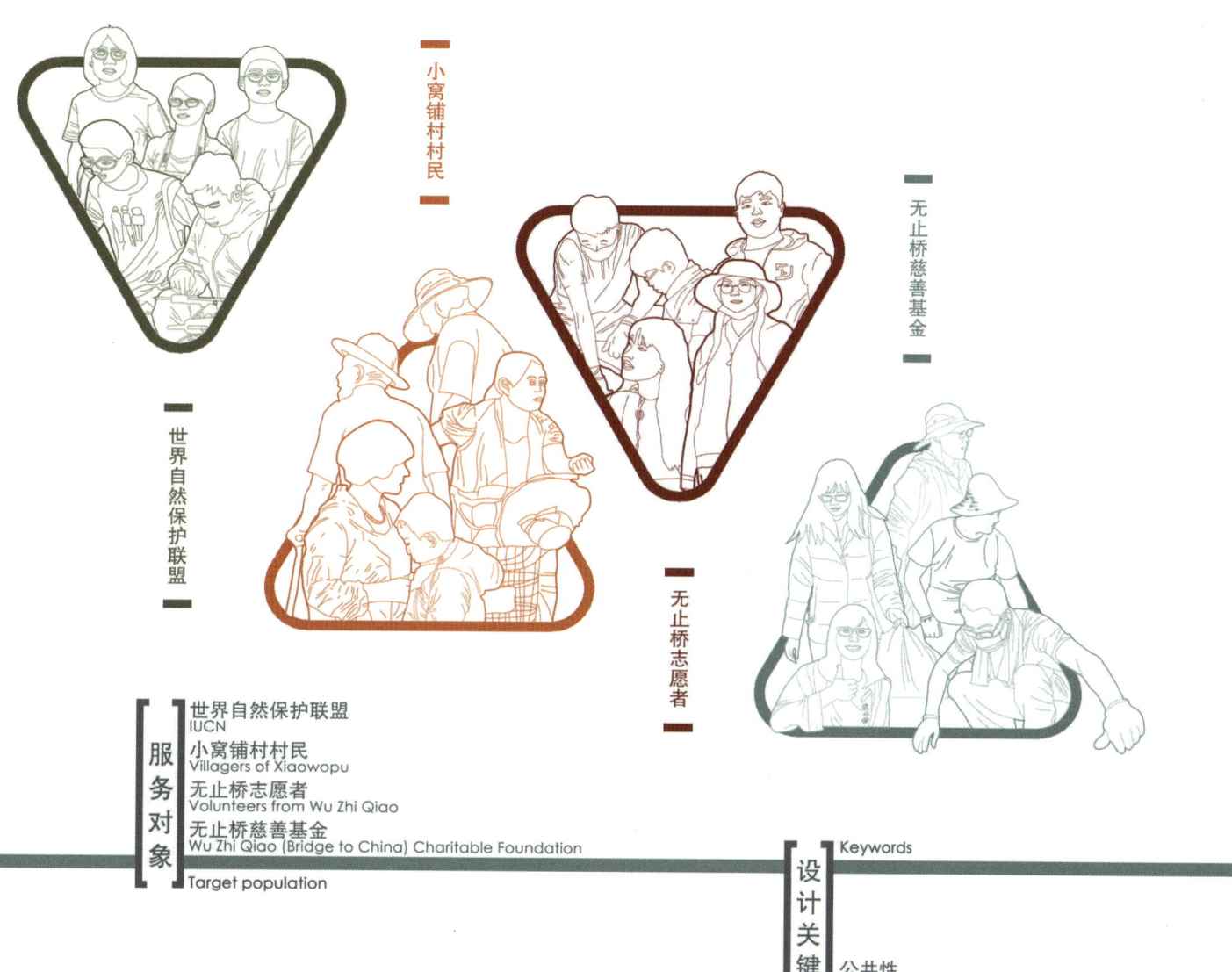

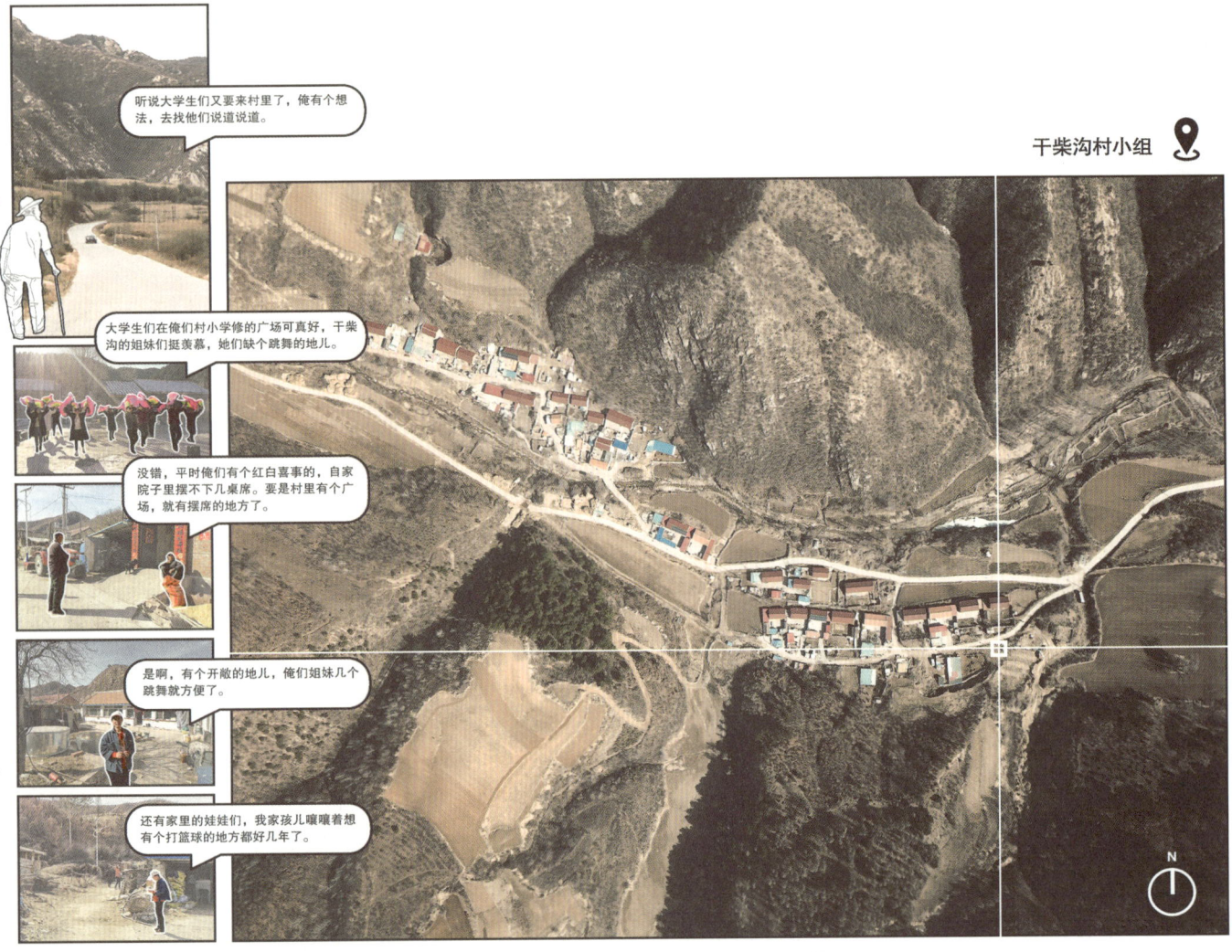

> 听说大学生们又要来村里了，俺有个想法，去找他们说道说道。

> 干柴沟村小组

> 大学生们在俺们村小学修的广场可真好，干柴沟的姐妹们挺羡慕，她们缺个跳舞的地儿。

> 没错，平时俺们有个红白喜事的，自家院子里摆不下几桌席。要是村里有个广场，就有摆席的地方了。

> 是啊，有个开敞的地儿，俺们姐妹几个跳舞就方便了。

> 还有家里的娃娃们，我家孩儿嚷嚷着想有个打篮球的地方都好几年了。

[05] 干柴沟小广场

DEMANDS 人群需求

EXPLORATION 05: SMALL SQUARE IN GANCHAIGOU VILLAGE

干柴沟村是小窝铺村委会的一个村组，距离主村1.3km，有33户、98位常住村民，是小窝铺村除了主村之外最大的村组。由于各方机构近年来援助建设的项目全部分布在主村，其他村组就资源分配不平均的现象多次向村委会提出过意见建议，村委会讨论后，认为干柴沟村的人口较为集中，公共设施相对缺乏，于是向项目团队建议在干柴沟村修建一处活动小广场。

经过反复比选，活动广场的选址确定在干柴沟村组东侧村口的道路南侧，地块面积约300㎡。正在使用地块的村民自愿让出这片场地，用于活动广场的修建。村民们希望这个活动广场可以满足大家日常休闲活动、跳舞锻炼的需求，并且可以在红白喜事时用于举办户外宴席。

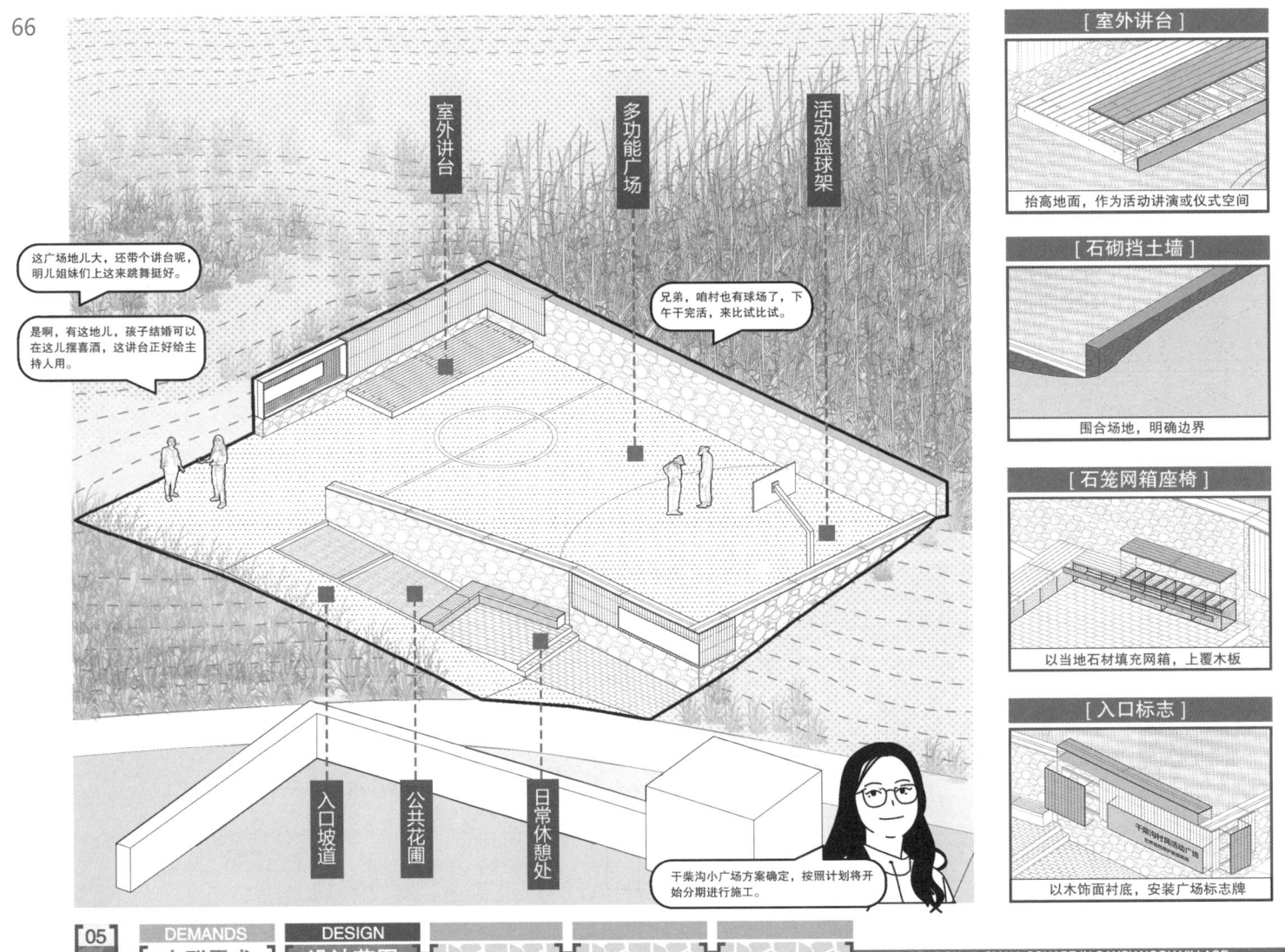

[05] 干柴沟小广场 — DEMANDS 人群需求 / DESIGN 设计蓝图 — EXPLORATION 05: SMALL SQUARE IN GANCHAIGOU VILLAGE

最终的设计方案将广场的主体标高定在路面以上2.1m处，尽量顺应原有地形，减少施工过程中的土方量。广场和道路之间以坡道相连，便于摆设宴席时车辆出入。广场入口处设有石笼网箱座椅和公共花圃，供村民日常休憩使用。广场内一端设有室外讲台，可作为集会活动的讲演空间或红白喜事的仪式空间；另一端设有活动篮球架，供村内青少年活动锻炼。

| 05 干柴沟小广场 | DEMANDS 人群需求 | DESIGN 设计蓝图 | CONSTRUCTION 施工建设 | | EXPLORATION 05: SMALL SQUARE IN GANCHAIGOU VILLAGE |

干柴沟广场的施工流程分成了两个阶段进行。首先是前期的基础施工,即按照设计方案完成土方移填、采石垒墙还有地面硬化的工作。由于这部分施工对工艺的要求比较高,因此由村中的工人师傅们完成。此后的施工由志愿者们完成,主要包括墙面板、讲台的木作施工,以及石笼网箱座椅的制作、花圃的布置等。

在志愿者施工阶段，同学们被分入木工小组和石笼网箱小组。木工小组负责木材的切割和安装，由木工师傅指导配合，保证工作安全有序地进行；石笼网箱小组负责场内3组石笼网箱座椅的组装，并且根据现场情况对构造做法进行了调整。两项工作完成后，所有志愿者再一起布置花圃、清理场地。

| 05 干柴沟小广场 | DEMANDS 人群需求 | DESIGN 设计蓝图 | CONSTRUCTION 施工建设 | ACTIVITIES 民生活动 | EXPLORATION 05: SMALL SQUARE IN GANCHAIGOU VILLAGE |

在进行主体施工的同时，民生活动也在村里同步开展。工作内容主要包括两个部分：第一部分是环境教育小讲堂，两位大学生讲师结合村子的自然环境设计了有关环境认知和保护的课程，授课对象是村民和其他的志愿者，旨在提高大家的环境保护意识。第二部分是未来潜在需求调研，通过走访了解村民对于公共空间的需求，探索未来潜在的发展可能。此次调研后，团队把来年的工作内容聚焦在了西沟村树下广场和主村街道彩绘上。

庆祝竣工 布置花圃

[05] 干柴沟小广场　【 DEMANDS 人群需求 】【 DESIGN 设计蓝图 】【 CONSTRUCTION 施工建设 】【 ACTIVITIES 民生活动 】【 USE 建成使用 】　EXPLORATION 05: SMALL SQUARE IN GANCHAIGOU VILLAGE

主体施工的最后一天上午，各组同学的工作圆满完成，开始集体清理场地，为竣工仪式做准备。为了布置新修的花圃，村民们热情慷慨地搬出了家中精心种植的各色花卉，为新广场的竣工仪式增添喜庆的气氛。

EXPLORATION 05: SMALL SQUARE IN GANCHAIGOU VILLAGE

EXPLORATION 06

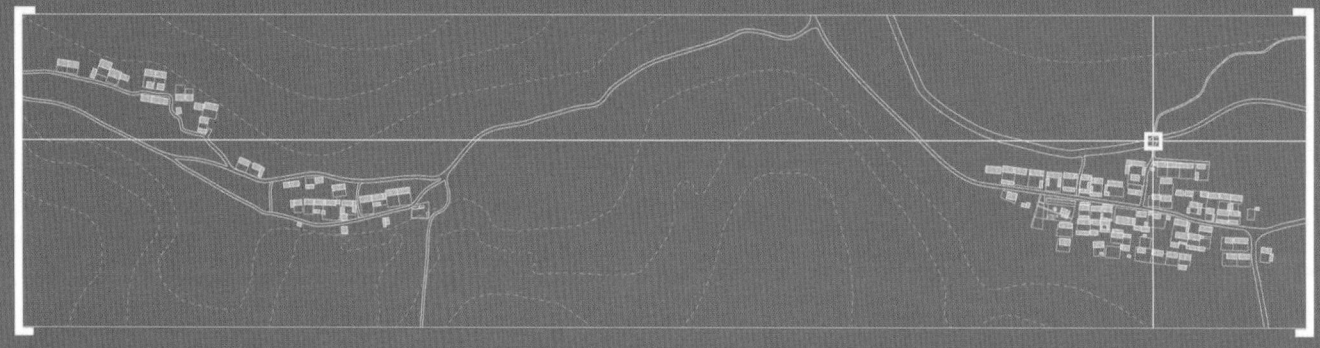

2019 — 2021

滨河环教讲堂

小桥流水咫尺间

方案设计时间：2019—2021年
单位面积造价：约1050元/㎡（估算）

Environmental Education Square by the River
Public space with a walking bridge

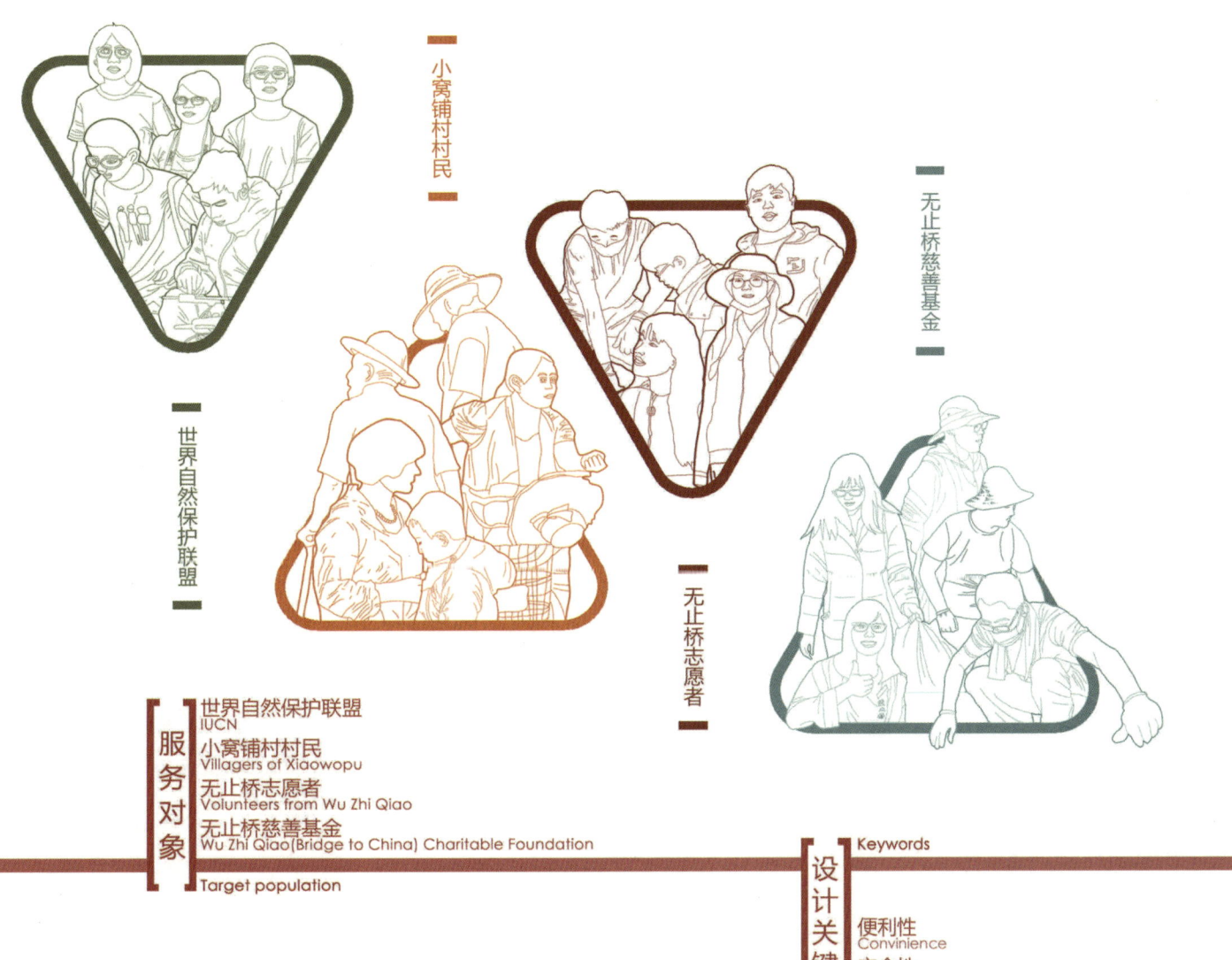

06 滨河环教讲堂 | ACTIVITIES 民生活动

EXPLORATION 06: ENVIRONMENTAL EDUCATION SQUARE BY THE RIVER

2019年的腊八，团队进村与村民相聚。小窝铺的村民每逢年底的腊八节便会在家煮年粥喝，以此拉开过年的序幕，但这一年的腊八，和往年有些不同。村民们拿着自家今年收成的杂粮来到社区公共厨房，和大学生志愿者们把这些"百家米"汇在一起，熬成了两大锅腊八粥。然后，众人齐聚在环境教育中心里，一起喝粥、欢度腊八。饭席间，村民们也和团队交流了对于来年项目的期许，尤其是对过河便桥提出了不少建议。这一天，虽然室外天气严寒，室内却暖意融融，热气腾腾的年粥和众人的欢声笑语，让这一年的腊八节变得格外温馨愉快。

06	ACTIVITIES	DEMANDS	
滨河环教讲堂	民生活动	人群需求	EXPLORATION 06: ENVIRONMENTAL EDUCATION SQUARE BY THE RIVER

村民需求： 村民们居住在河的南岸，而村中大部分耕地和部分畜圈分布在河的北岸，到了药材和蘑菇成熟的季节还常有人到河对岸的山上采摘，可以说，村民们一年四季都有渡河的需求。然而，过河并非易事。冬季河床常常结冰，容易滑倒；夏季水位高、水流快，村民们牵着牲畜、背着农具薪柴，踩着石块过河并不稳当。因此，修建一处便于村民通行的过河设施很有必要。

NGO需求： 环境教育的许多活动需要在户外开展，因此除了小学改造的环教中心外，也有必要在户外设置便于开展活动的场所，而对于水源地村落来说，滨河一带是户外环境教育场所的理想选址。

[06] 滨河环教讲堂 { ACTIVITIES 民生活动 } { DEMANDS 人群需求 }

EXPLORATION 06: ENVIRONMENTAL EDUCATION SQUARE BY THE RIVER

2019年冬季，设计团队进村完成了第一次场地测绘。由于当时场地被冰雪覆盖、许多标记点难以定位，加上河道在2020年夏季的一次洪水中发生了改变，因此第一次测绘的数据无法在设计中使用。疫情好转后，设计团队在2021年4月再次进村，对滨河环教讲堂的场地进行了详细调研和补充测绘。同时，还对过河便桥的设计方案进行了放线，根据实地情况对桥身走向、桥台位置等进行了调整，并落实到后续的方案深化中。

过河便桥规模虽小,但桥面高度的设计却要考虑多方面因素。河流在枯水季和丰水季的水位落差较大,丰水季降雨过后,河水的水位变高、流速较快,水中还会夹杂滚石、树枝等各类杂物。如果桥面过低,洪水带来的杂物就会堆积在迎水面堵住水流,最终导致水流冲击力太大而冲垮桥梁;如果桥面太高,日常行走又不够安全舒适。因此,桥的高度需要在详细调查的基础上谨慎设计。

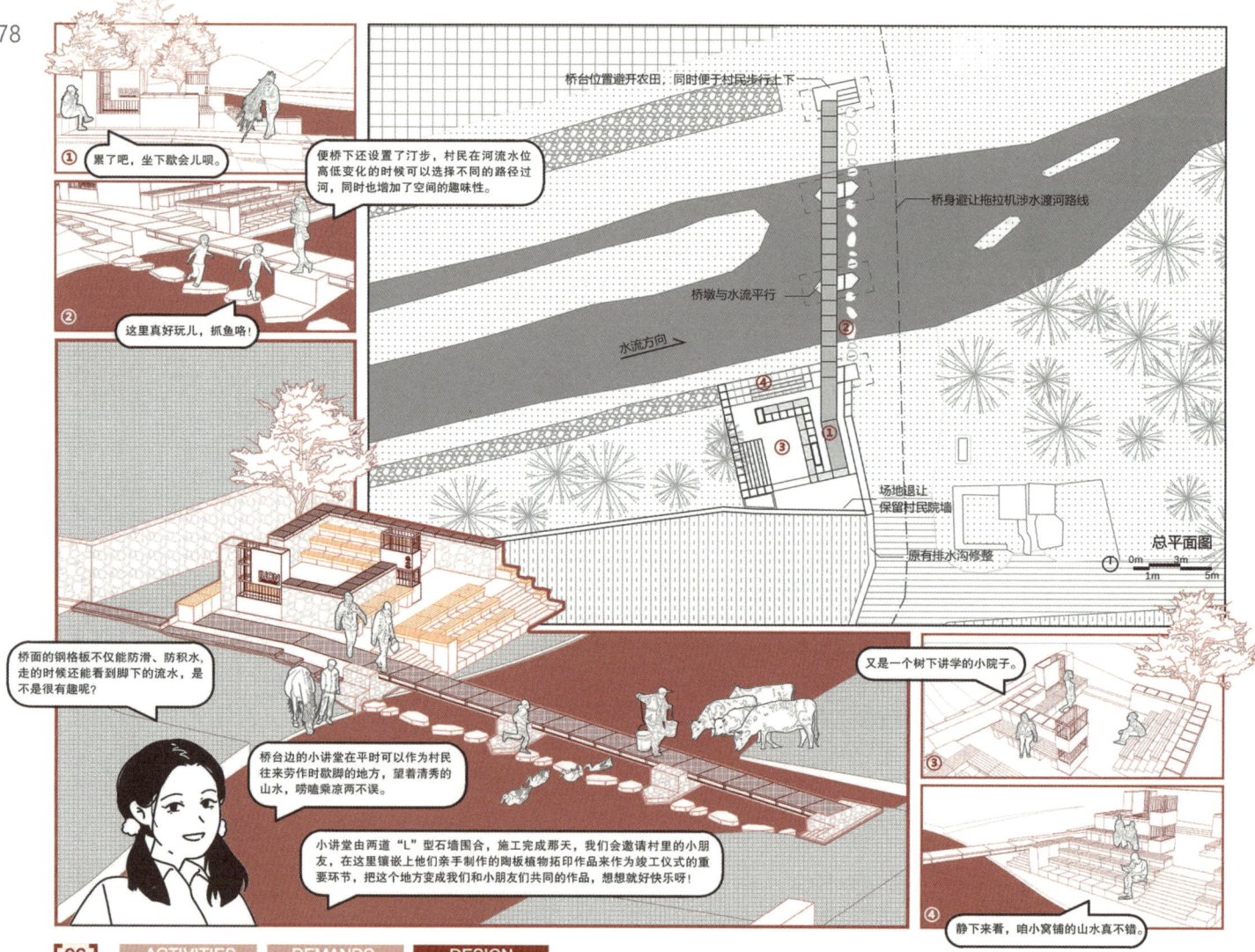

[06] 滨河环教讲堂 [民生活动] ACTIVITIES [人群需求] DEMANDS [设计蓝图] DESIGN

EXPLORATION 06: ENVIRONMENTAL EDUCATION SQUARE BY THE RIVER

在过河便桥的材料选择上，我们用毛石混凝土作为桥墩材料，既能够满足承重及稳定性的要求，又能与村里民居的墙体做法和滨河环教讲堂的石墙形成呼应。桥面部分则由钢格板及其下方的"日"字型钢桥架组成。每段桥架的重量大约为118kg，可以由6位成年男性合力抬起、安装到桥墩上，这样桥面的安装就可以由人力完成，解决了吊车无法进场施工的问题。另外，过河便桥的尺寸采用模数化设计，节点也尽量简化，使施工更加简单便捷，保证志愿者和村民们可以在一周内较为轻松地完成桥架和桥面的安装。

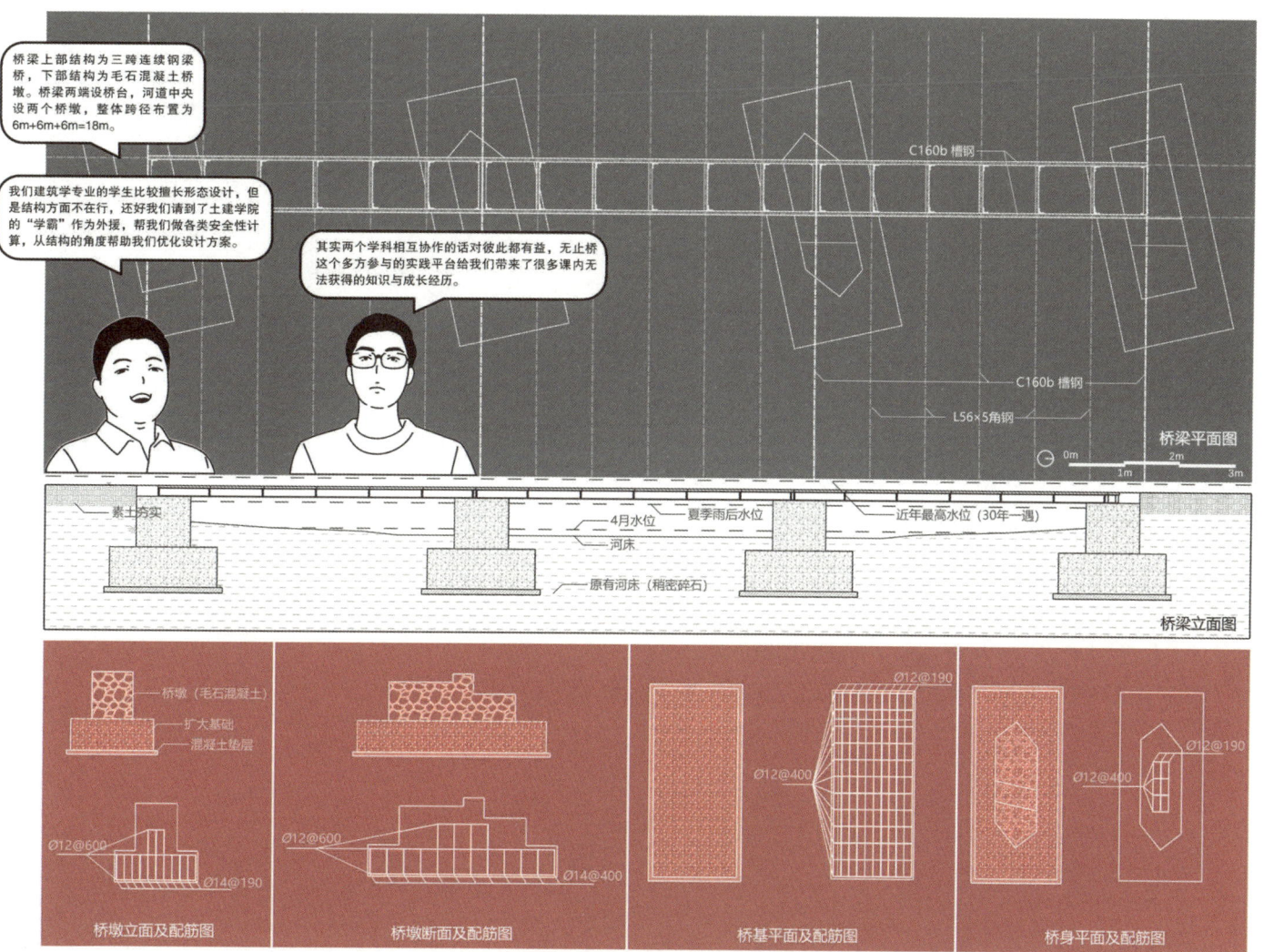

在过河便桥方案推进的过程中,建筑学专业与土木工程专业的同学协作配合,完成各类结构的计算,确保过河便桥设计的安全性。上部结构计算包括主梁内力验算和次梁内力验算,下部结构计算包括下部反力计算、桥墩验算(墩身正截面承载力、墩身抗剪、承台抗冲切、承台抗弯、地基承载力、地基沉降)、桥台验算(桥台抗弯承载力、承台稳定性、承台抗冲切、底板配筋、地基承载力、地基沉降)等。桥墩桥台的形态及最终的配筋均满足相关规范要求。

06	[ACTIVITIES]	[DEMANDS]	DESIGN
滨河环教讲堂	民生活动	人群需求	设计蓝图

EXPLORATION 06: ENVIRONMENTAL EDUCATION SQUARE BY THE RIVER

以滨河环教讲堂为核心，团队将沿大西沟河两岸设立一系列小型的环境教育设施，形成户外环境教育活动环线。它们将与村中重要的空间节点（包括城墙遗址、各类庙宇、其他重要公共空间等）及环境教育中心形成一个系统，让整个村落成为一个社区式的环境教育场所。这样，来到这个水源地村落的环境教育参与者可以在村落与山野中沉浸式地学习与感知，并且有充分的机会与村民们相互交流，这也有助于巩固村民们对于水源地村落的身份认同，从而提高所有人群的环境保护意识，留住绿水青山，保护首都水源。

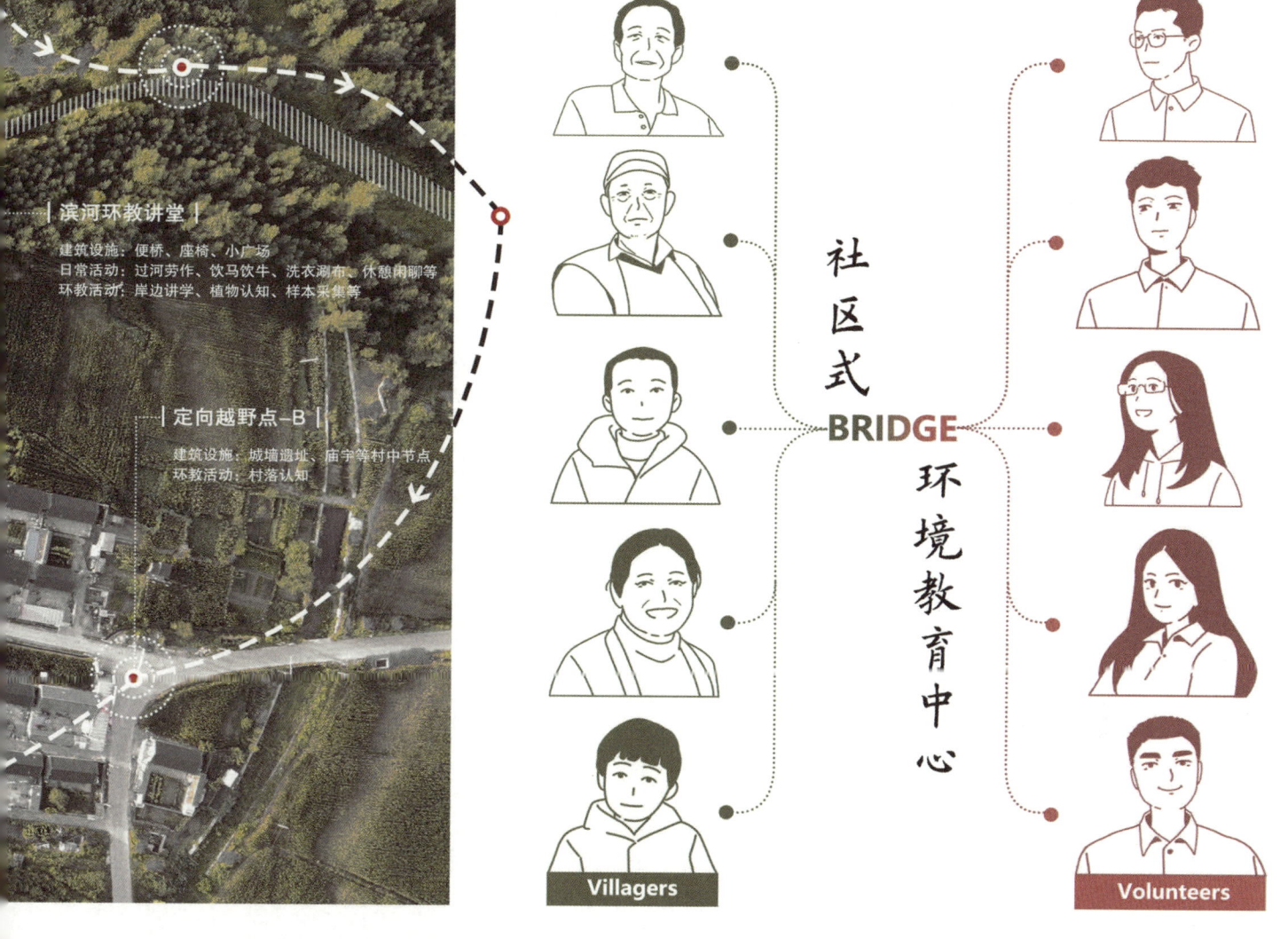

EXPLORATION 06: ENVIRONMENTAL EDUCATION SQUARE BY THE RIVER

总结与展望

可爱的人们

Summary and Outlook
Lovely people

五年
六个项目

数十次民生活动
上百位驻村志愿者

无数的困难
无数的笑脸

一个初心
继续前行

这是本书的最后一个篇章，志愿者和村民们5年多来的共同时光在此汇聚，一幕幕的人、事、景，连成了这幅乡村社区营造的长卷。

当然，我们的小窝铺故事还远远未结束，这幅长卷还会向着未来续写。那么，未来会是怎样呢？我们或许还没有确切的答案，但我们始终充满希望和期待，因为我们知道，只要始终带着服务乡村的初心，那么志愿者的汗水和村民们的笑容就终将绘成最美的画卷。

TIME LINE

- 大都市水源地项目揭
EU project "Mega Cities and Their Watsheds" started

至此，无止桥团队的小窝铺故事已经延续了5年。在这5年的美好时光里，6个项目和诸多民生活动的点点滴滴，犹如一幕幕电影场景，在时光的放映机上欢快跳转。往昔不可追，未来尤可期。这些记忆和经历带给我们的美好，足以让我们怀着热情和勇气继续前行。

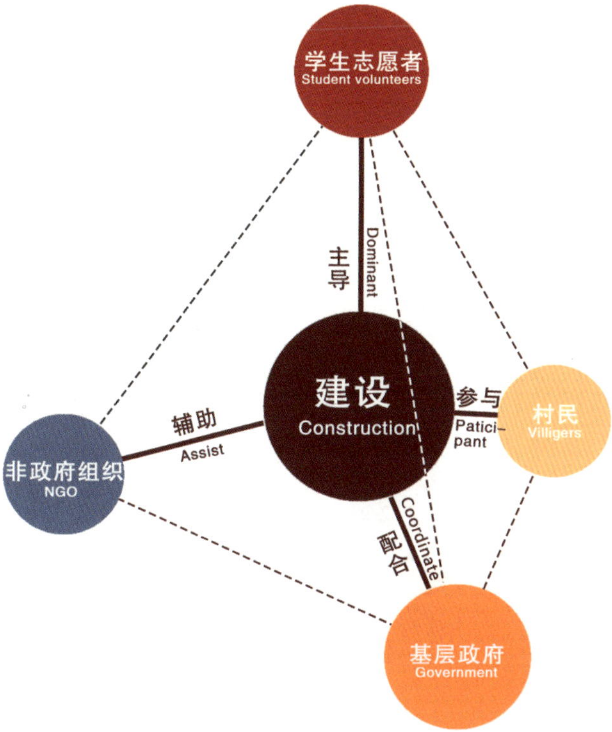

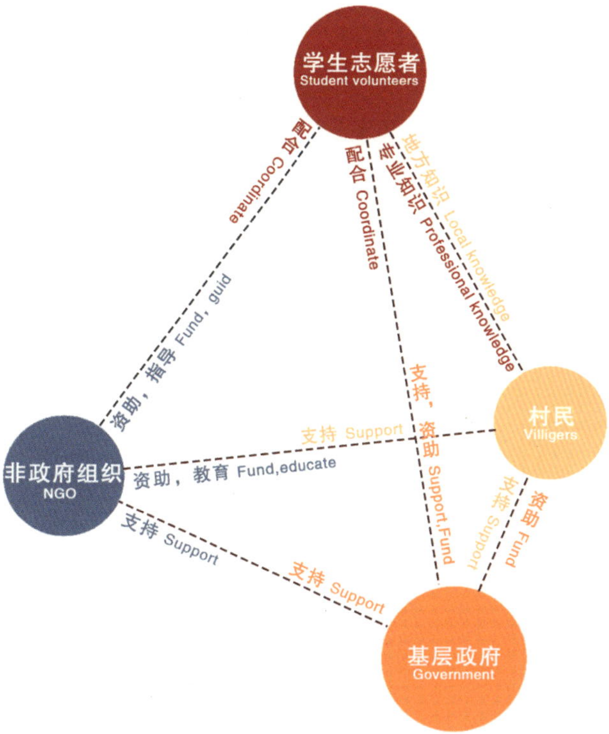

多方参与的组织模式
Multi-participation organization mode

[模式总结 – 1]

考虑到环境教育中心要满足多方人群的使用需求，因此整个项目过程的组织采用了村委、村民、非盈利组织及志愿者多方参与的模式。其中，村民和学生志愿者是最主要的实施者，方案的设计与表达主要由志愿者在与村民充分沟通的基础上完成，施工建造则由村中工匠指导志愿者和其他村民共同完成，村委会和非营利组织提供建议和资金支持。

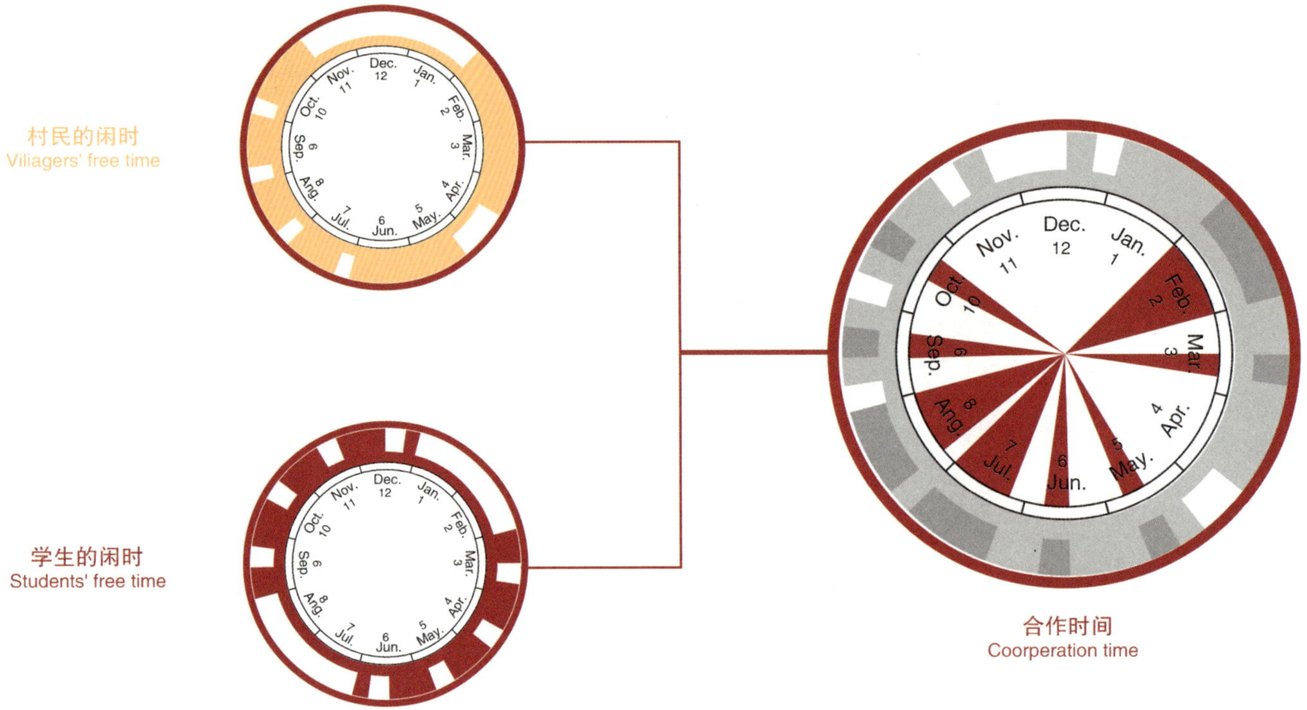

村民的闲时
Villiagers' free time

学生的闲时
Students' free time

合作时间
Coorperation time

"忙里偷闲"的合作模式
A cooperation mode of "sneaking around"

小窝铺村作为一个以农业生产为主要生产方式的村落，村民们的生产生活受农业生产周期的影响很大，施工建造需要在农闲时期进行；学生志愿者也需要完成教学环节，只能在课余时间进行调研和设计工作。因此，每年的项目被分为调研、方案沟通、材料运输、前期施工、主体施工等不同阶段，整个项目是分散式地嵌入在村落的农闲期和高校的假期之中完成的。

【模式总结-2】

不同于常规建设项目"策划–设计–施工–使用"的模式。我们的项目采用了建设和使用交织、滚动前进的模式，村民对这处物质空间的日常使用与其设计建造交织缠绕在一起。简单来说，就是盖一点、用一点；用一点，再盖一点。每一次建设过程给村民带来的积极影响，都会反过来促进下一次的建设更加顺利地进行。可以说，建造和使用形成了一种"利滚利"的良性循环模式。项目作为一个"社会过程"，深深地嵌入到了乡村的社会网络与日常生活中。

建设与使用交织的推进模式
Interweaving of construction and use

[模式总结–3]

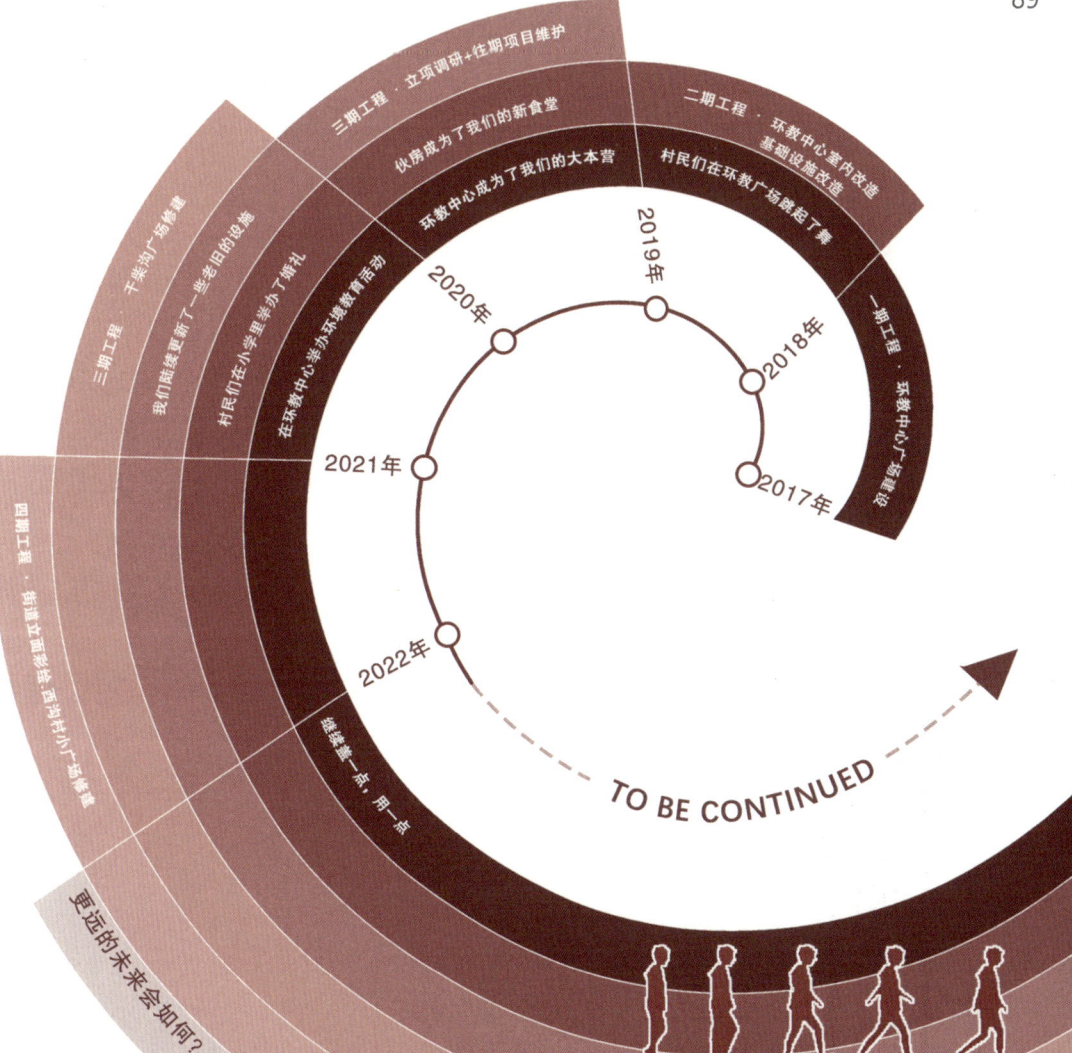

可爱的人们
Lovely People

2017—2018届成员
2018—2019届成员
2019—2020届成员
2020—2021届成员
2021—2022届成员

合作院校

2022年，是我作为无止桥志愿者的第13个年头，也是作为北京交通大学无止桥团队指导老师的第8个年头。时光似乎飞逝而去，当年青涩的学生如今已经是鬓生白发的老师；时光又似乎从未逝去，因为那份投身公益、投身乡村的初心依然如昨。

缘起于2005年、成立于2007年的无止桥慈善基金，一直致力于组织大学生志愿者服务于我国乡村地区的公益建设，其成效有目共睹。本书所记录的小窝铺村社区营造，就是无数个无止桥乡村故事的其中之一。不过在全书的最后一章，作为老师，我想要说的不是志愿者们给乡村带去了什么，而是无止桥的乡村实践给大学生们带来了什么。这些东西或许无法用具体的财富或荣誉来衡量，却真真切切地改变了他们。

首先是现实感。无止桥为同学们提供了在真实的社会语境中设计方案并将其落地的机会。一个真实的项目，足以给同学们足够的"打击"，让他们充分认识到现实建造和图纸上设计有多大的区别，以更加谦逊敬畏的态度继续后续的专业学习。

其次是责任心。我们团队历来以学生为主导，从团队的选拔、搭建和传承，到项目的技术、财务、宣传事务，都由学生自主完成。这种模式让在长期应试教育中习惯了"被安排"的同学们不得不转变心态，更加独立、更加自我驱动，为自己的决定、为集体的前景负责。

更重要的是包容力。不论是与村民们打交道，还是与不同专业或文化背景的志愿者合作，都开拓了同学们的视野，让他们更好地了解这个世界的多样性。不同的人群之间，生活方式、思维模式、观念体系都可能千差万别。认识到这一点，并且努力地去理解和尊重与自己不同的人，学着与他们一起共事，让同学们变得更加大气、包容，更加泰然和成熟地面对生活。

每年项目竣工的那天，我都会无比惆怅。看着一批又一批同学成长、离开，带着结下的深厚情谊共同奔赴人生下一站，总让我感到无比孤独，因为只有我是唯一站在原地的那个人，一年又一年地迎接着新的面孔，一年又一年地感受着自己的老去。但时至今日，当我回首往昔，翻看着历年团队的名单，我却不再惆怅，而是感到欣慰。或许，陪着一届又一届的同学们探索、认知、成长，让广阔的乡野为他们提供滋养，这就是身为人师的意义。

| 潘曦 | 副教授 团队指导老师
北京交通大学建筑与艺术学院

潘曦
北京交通大学建筑与艺术学院副教授、团队指导老师
2022年4月20日　波士顿

任职时间：2017—2018年

刘中元
统筹
2014级建筑学本科生

[2017—2018年]

在我大二的时候，刘梦笛学姐带着一群学长学姐成立了北京交通大学无止桥团队。在别的社团都还可以根据名字猜测出活动的内容时，无止桥用更简洁、却也更有想象空间的三个字吸引了学院内同学们的注意力。它是一个围绕着实际设计需求开展的项目，学生可以自己做决定，并且亲自建造与实施的平台。这些对于建筑类同学都有着莫大的吸引力，包括我自己。

可以做决定，也就意味着需要承担更多的责任，需要面对更多真实环境下的压力与选择，这些选择再加上"公益"这一个容易将事情变复杂的杠杆，其实并不轻松。2017年，小窝铺村最初阶段的建设需要参与的村民们自己垫资承包一部分，每个设计调整都会影响他们自身的工时及材料采购成本。当时，工地里每天都会有不同的村民告诉我，因为各种各样的客观原因，原有设计无法实施，更不要提本就复杂的邻里关系。

项目开始全部由无止桥慈善基金出资后，表面上事情变得简单了，学生对设计开始有更大的话语权。但从长期来看，村民也会因此减少对自身利益的考量，减少对真实想法的表达，甚至他们本身对自己的真实需求也缺乏想象。小窝铺村这种非刚需的建设项目对整个无止桥而言也没有太多先例可循。现在的我回头看，面对当初的这些设计自由，我在做很多决定时都没有意识到这意味着什么样的责任，就和同学们一起懵懵懂懂地把项目做了出来。随着时间的推移，我也越来越理解，其实相比于村民，我们这些大学生志愿者才是最大的受益者。相较于我们能为村民带来的生活上的改变，村民们为我们付出的试错成本和提供的经验都更加宝贵。

小窝铺村的一期建设，从建设成果和施工组织合作的角度看是喜人的，但背后也存在不少窘迫：在施工现场对着电脑里的模型测量尺寸开料，对家具关键节点的做法是在现场看到剩余的材料才受启发决定的。在各种忙乱下最后能把事情完成，应该感谢团队上下成员不计个人得失的投入，无私心地帮助他人的心态，这是项目成功的关键。这种心态下，在小窝铺村经历的精诚合作，也是人生成长路上深刻的记忆。感谢将我带入无止桥的刘梦笛学姐和吴悠。感谢潘曦老师的指导。

祝愿以沟通人心为目的的无止桥越办越好。

刘中元
2017—2018学年团队统筹
2022年4月13日 纽约

任职时间：2018—2019年

陆顺
统筹
2015级建筑学本科生

自2017年初次接触无止桥，到现在已经有5年了。很幸运能在这里遇上一群稳中带皮的朋友们，靠谱兜底的沈工、童姐、蔡姐、哲姐，老大哥形象的刘老板和酷哥，强势输出的潘老师，还有超、亚茹、鹏飞、玲薇等学弟学妹们，村里的汪姨、王师傅和小杨……都在脑海中重见。无止桥对我来讲，是开启了大学生活的另一个新世界，这个团队让我遇到了一群志同道合的伙伴，并和他们一起经历有趣且十分有意义的事情，然后成长为更好的自己。

大一、大二时期，我在对自己所学专业有些许憧憬的同时，也会生出些许对于专业的疑虑，所以在大三时，我出于可以通过自己所学的专业去做些公益性的事情来帮助其他人的理由，报名参加了无止桥。也是自那一年起，得益于潘老师和桥友的不懈努力，我们团队得以在小窝铺村开展长期的社区营造。相比其他学校团队的建桥项目，我们有了更加贴近建筑学专业的实际建造和运营的机会。

记得第一次主体施工时，大三的我还很是稚嫩，施工前准备不是很充足，每天都会遇到一些现场施工问题，都要想怎么处理当初未考虑周全的设计落地的问题，忙得焦头烂额。好在每晚都有刘老板、潘老师、沈工等伙伴，和我一起想办法解决问题。经过几天的适应之后，团队的施工赶上了预定的进度，项目顺利完工了。在此期间，我们还结识了许多来自中央民族大学、中国农业大学、香港高等教育科技学院的同学，大家通过每日的团队合作、晚上的联谊分享会，在短短一周的时间里建立起了深厚而真诚的"革命友谊"。经历过这一年的项目后，我的角色转变为统筹，负责策划安排新一年度的项目。这对我来说又是一个新的成长，我体会到了项目背后从筹划到落地的全过程。回首那段时光，非常感谢因无止桥而相识的每个人。

每次离开小窝铺村时，我们总喜欢谈论下一次回来的安排；每次分别，我们总会说江湖再见。希望疫情过后，能有机会以志愿者的身份再次参与无止桥的活动！

陆顺
2018—2019学年团队统筹
2022年4月10日　长沙

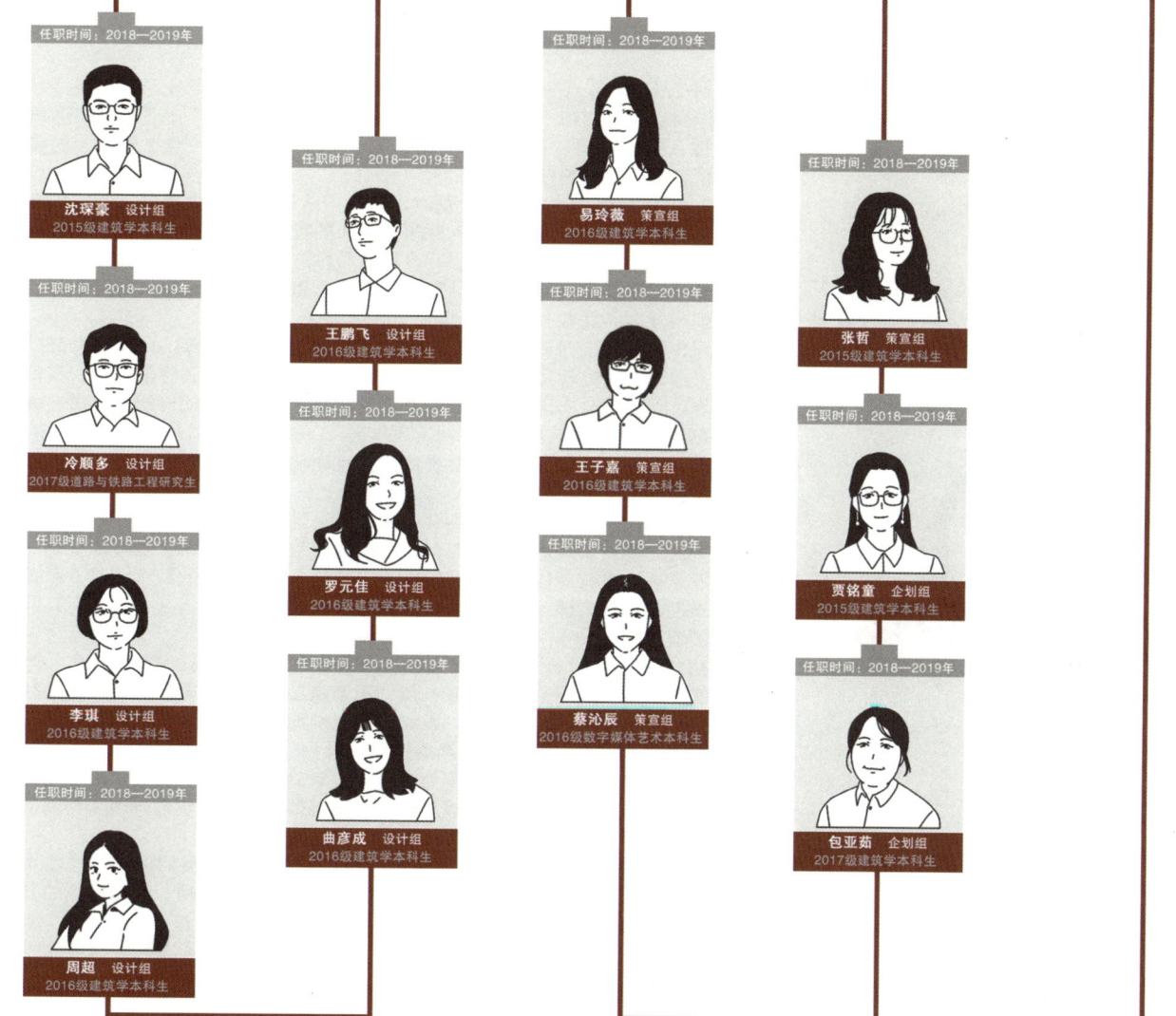

任职时间：2019—2020年

周超 | 统筹
2016级建筑学本科生

2019—2020年

对于无止桥，我一直戏称自己"离开了但又没完全离开"，以至于从没想过要把对它的感情作一番总结陈词。如今一看，从"菜鸟"志愿者到统筹再到继续发挥余热的顾问，已经快5年了。期间我不仅结识了一群志同道合的良师益友，也塑造了更好的自我。

2017年我第一次认识无止桥时，恰逢团队举办10年成果展，我被博浩学长叫去帮忙贴展板。那一年，进入建筑学不久的我还正被各种概念理论包围，随之对建筑学产生了迷茫。我问自己"真的能学好这个吗？学好有什么用？"而无止桥的出现给了我另一种选择，让我走向实际，完整地参与建造过程，真真切切地为人们所处的环境做一些改变。

记得第一次进村调研前夜，我紧张得都没睡好觉。直到Lorraine和陆顺组织围炉开会时，我发现我比想象中更快地融入了大家。随着工作的开展，我们和村民、志愿者们在一次次调研和节日活动中彼此相熟。民大的婷姐、小洪、馨雨，香港高等教育科技学院（THEi）的Winky、Adeline，以及在年会认识的朋友们，哪怕已经毕业离开团队，桥友的身份也让我们始终走在一起不曾远离。

主体施工那7天，我们每天迎着朝阳起床，在鲜花簇拥的花坛中央早操，开始一天的工作。夏夜里，我们在环教中心总结进度调配工作，在汪姨的院子里吃瓜、烧烤、聊天。我们坐过王工超大容量的"敞篷"三轮车，锯过木头砌过墙，筛过沙子搬过水泥。当最后两块青石水槽被抬上东水泉子的取水台时，所有人脸上都洋溢着笑容。那一刻，我终于对自己所干的事产生了实感，仿佛所有的努力都有了着落。

回想在团队的日子，总有人陪伴着并肩奋斗。从前的例会调研，都是陆工、沈工、童姐上下安排打点好一切；现场施工时，潘老师指引着我从跌跌撞撞到游刃有余；赴港开年会前夜，我和亚茹他们熬夜编写下个年度的计划书，回来后又马不停蹄地准备北京设计周展览和团队招新。却不曾想2020年年初，前脚刚结束欢乐的腊八节，后脚就因为疫情被迫取消了新一年的调研计划。疫情给我们的现场工作带来了很大的挑战，但我们没有因此停摆，我们一边和村内保持联系做着去调研的准备，一边组织线上学习和方案推进。

统筹任期满后工作交接，毕业离开，但我和团队成员们依然常常联系。因为我们不仅是同学同事，更是朋友。在这份感情之作的最后，最想感谢的是潘老师，她是我大学期间的良师益友，亦是我人生道路中的榜样。

心有爱，桥无止。海内存知己，天涯若比邻，期待再次与大家在无止桥相见的那一天！

周超
2019—2020学年团队统筹
2022年4月4日　上海

任职时间：2020—2021年

郭昕晨 | 统筹
2018级建筑学本科生

大家好，我是郭昕晨，很荣幸已经在无止桥团队工作了3年。我在大一的时候初识无止桥，那时候的我，作为一个对乡村建设充满憧憬的建筑学"菜鸟"想要去参加团队招新，老师却说，大一同学能力尚浅，欢迎你大二再来面试！

到了大二，已经在建筑学里摸爬滚打了一年后，我对于专业有了基础的认知，对于实践更是铆足了干劲。于是，这一年我通过了无止桥的面试，成为了一名设计组的新手，也认识了同期的桥友、窦学姐、姚学姐、丘总等。大二这一年是一边手忙脚乱，一边向优秀桥友学习的一年。

到了大三，我迎来了充满意外，并且夹杂着困惑与惊喜的一年。这一年，我被老师委任为统筹，那一刻的我，感到了意外和迷茫。大二的时候我身处设计组，面对最多的就是电脑里的方案模型，不断在脑子里导演着村民们会如何使用我的方案的场景剧，可是统筹的职责却远不止于此，我需要沟通、组织，时刻对团队的未来有所把握。我十分清楚地记得当我向潘老师表述我也许只能继续在设计组里工作时，潘老师说建筑师可不是只会做设计就行了，一个项目也不只有设计。这番话打动了我，于是我开启了跌跌撞撞的统筹工作。我进村与村民聊天，我绞劲脑汁计算团队财务，我也经常找团队成员私聊，生怕我没组织好团队工作；总之在qrq、竹哥、龙、高高、枝枝还有阿廖及学弟学妹们的共同努力下，我们终于实现了三期工程的落地！我记得三期工程竣工的当晚，我们和周超学姐视频联系，分享竣工的喜悦，那时的我是最受触动的。我回想起初入无止桥认识超姐，跟着团队做了一年的设计，后来项目因为疫情的缘故延迟了一年，我懵懵懂懂地接任了统筹、继续完成三期工程项目的整个历程。真的非常地感谢周超学姐对我的帮助与指引，让我感受到无止桥也包含了心桥的搭建与传承。

此刻，我已经临近毕业。到了大四、成为桥友的第三年，我又发生了身份的转变，我是一个学长了。我常常和学弟学妹们交流经验，在交流中思考过去，展望未来。泓杰、卓然还有中博接管团队后，经常和我交流团队问题，我感动于他们的努力与热心，希望他们在四期工程能创造佳绩！

最后我想感谢潘老师对我的信任与指导，感谢您偶尔的几句"小郭，你变成熟了点"，等返校后我想请您吃火锅！噢对了，还有王工，这位来自乡野的老师，我也十分感谢您对我的耐心引导，下次回村还想吃到您家的鸡蛋炒饼！对小窝铺村，对无止桥的感言说不尽，幸运的话希望下次暑期施工，还能和伙伴们在夏夜里、蝉鸣中聊个痛快。

郭昕晨
2020—2021学年团队统筹
2022年4月3日　龙岩

[2020—2021年]

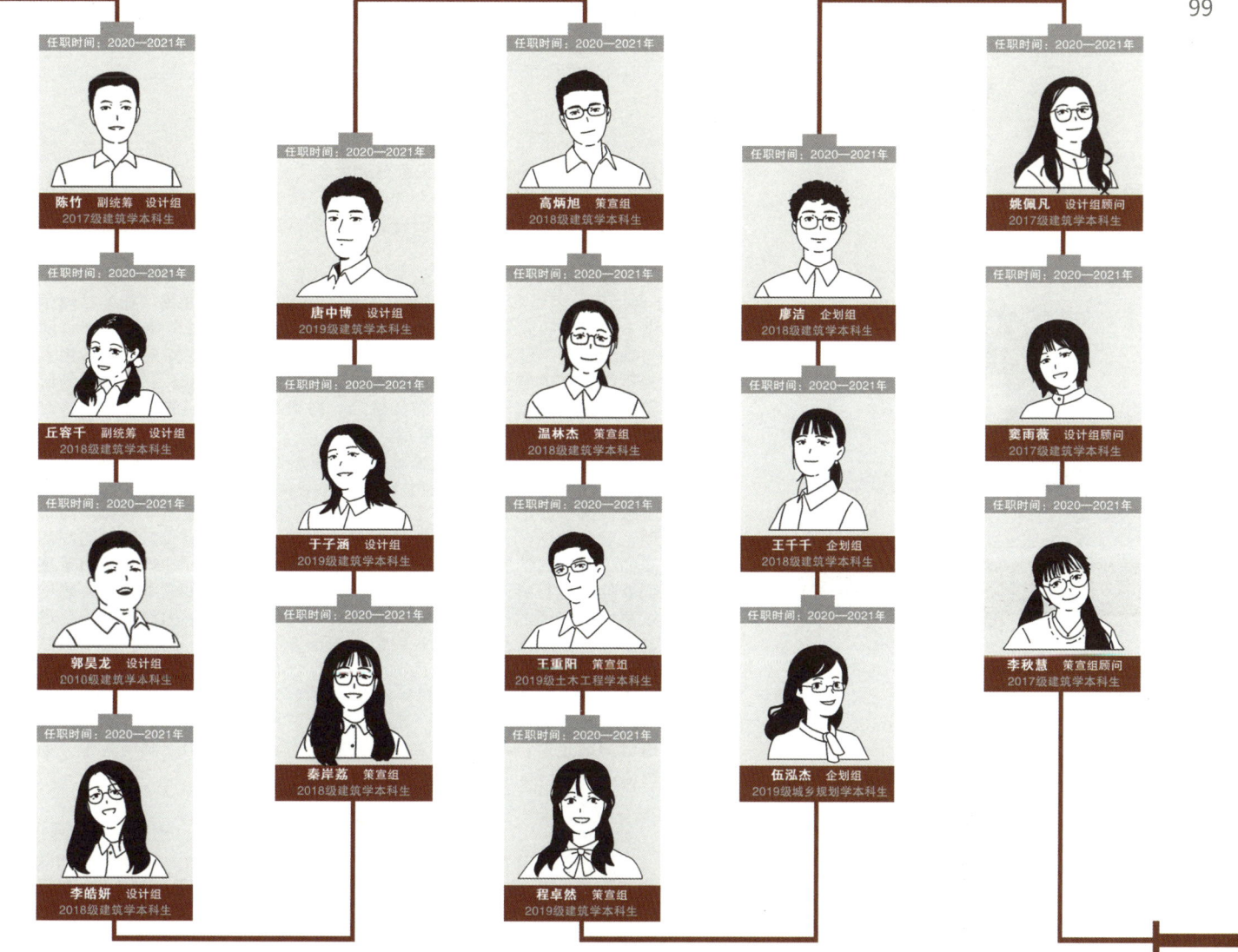

任职时间：2021—2022年

伍泓杰 | 统筹
2019级城乡规划学本科生

[2021—2022年]

大家好，我是伍泓杰，是北京交通大学无止桥2021—2022年的统筹。初次听说无止桥，还是在我刚走进大学的时候。看着学长学姐们在老师的带领下走进乡村，利用课程所学和村民们一起建设乡村，我的内心颇为向往。终于在大二的时候，我成为了团队的一员。

"从城镇中来，到乡村里去"，这是我们这一代人独有的体验。在无止桥的2年时间里，能够和一群志同道合的小伙伴们暂时忘记课程作业的枯燥烦琐，能够做一些自己一直想做却没有机会做的事情，我感到非常幸运。乡村的独特文化与社会属性，让乡村中的人际交往和城市粒子社会中点对点的陌生人交流有很大不同。在这里，似乎可以发现生活简单质朴的快乐，利用自己的所学所知，和乡村这个体系一点点地磨合接洽。村里叔叔阿姨们的坦诚热情，对我们的初心和付出也是一种极大的肯定。

然而在这段时间里，我们也遇到过许多的阻碍和困难。不确定的疫情形势一次又一次地阻挡我们前进的步伐，方案也因为可实施性上的问题而不断修改。不过，虽然我们的进度时常受到各种因素的影响，但团队成员之间仍旧互相帮助、互相信任，一起积极推进方案的实施与落地，这成为了我们脑海中一段珍贵的记忆。我依然清晰地记得，方案推进的过程中，学长学姐们手把手地教我们软件技能；每周一次的例会上，大家一起分享进度成果、畅谈想法；施工的过程中，老师们仔细指导我们施工的技巧和步骤……相信当看到自己亲身参与的第一个实践项目落地时，我们会更加开心与自豪！此外，疫情虽然阻隔了物理联系，但是和村民们建立的"心桥"让我们随时都能展开良好的沟通。每逢节假日，我们也总会收到村民们发来的视频，感受他们的节日气氛。

三期工程项目已圆满完成，四期工程也已拉开帷幕，我们在乡村实践的道路上继续向前走着。希望四期工程能够在我们的共同努力下顺利落地，期待看到它建成的模样！

伍泓杰
2021—2022学年团队统筹
2022年4月17日　乌鲁木齐

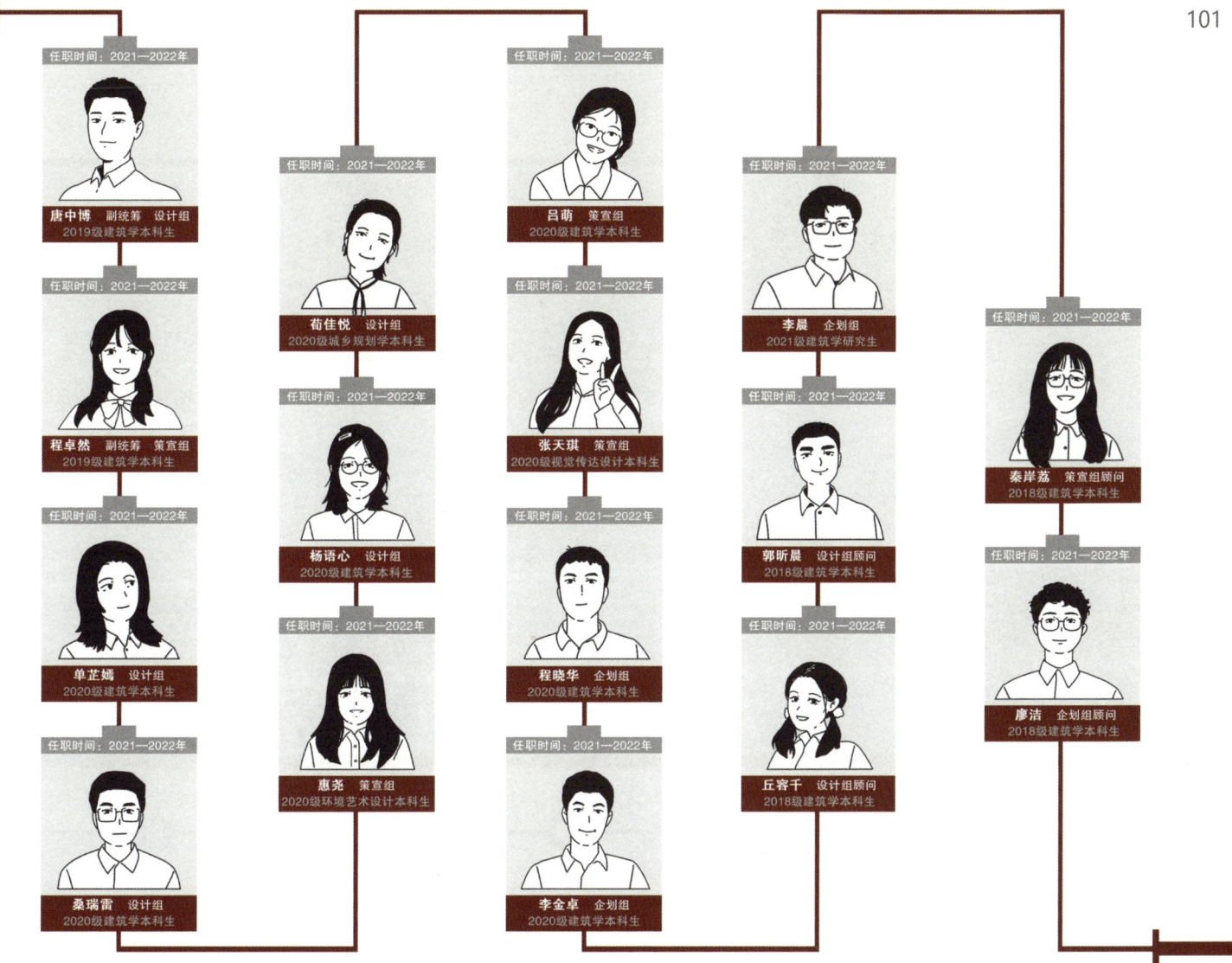

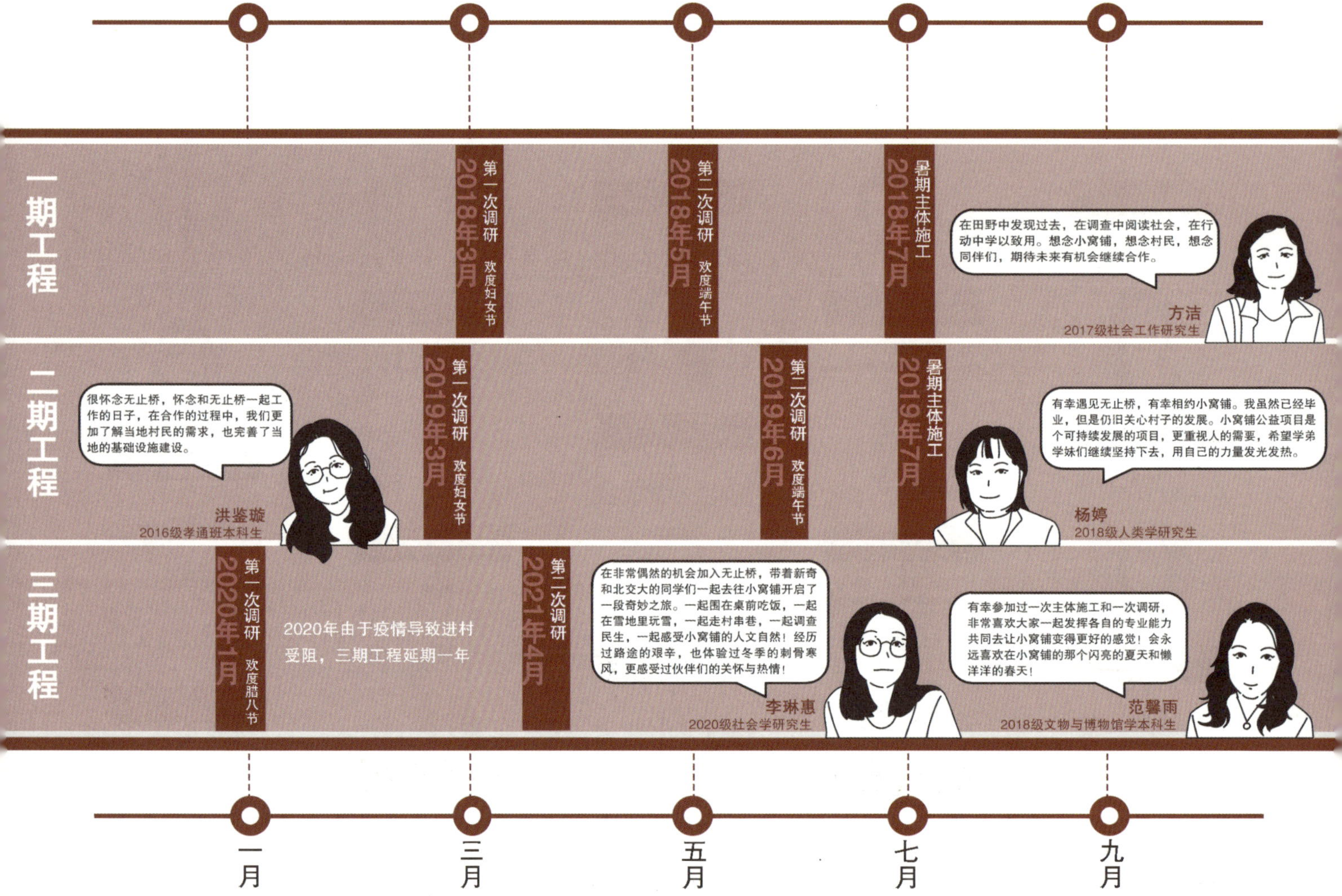

一期工程

2018年3月 第一次调研 欢度妇女节
2018年5月 第二次调研 欢度端午节
2018年7月 暑期主体施工

> 在田野中发现过去，在调查中阅读社会，在行动中学以致用。想念小窝铺，想念村民，想念同伴们，期待未来有机会继续合作。
>
> **方洁** 2017级社会工作研究生

二期工程

> 很怀念无止桥，怀念和无止桥一起工作的日子，在合作的过程中，我们更加了解当地村民的需求，也完善了当地的基础设施建设。
>
> **洪鉴璇** 2016级孝通班本科生

2019年3月 第一次调研 欢度妇女节
2019年6月 第二次调研 欢度端午节
2019年7月 暑期主体施工

> 有幸遇见无止桥，有幸相约小窝铺。我虽然已经毕业，但是仍旧关心村子的发展。小窝铺公益项目是个可持续发展的项目，更重视人的需要，希望学弟学妹们继续坚持下去，用自己的力量发光发热。
>
> **杨婷** 2018级人类学研究生

三期工程

2020年1月 第一次调研 欢度腊八节

2020年由于疫情导致进村受阻，三期工程延期一年

2021年4月 第二次调研

> 在非常偶然的机会加入无止桥，带着新奇和北交大的同学们一起去在小窝铺开启了一段奇妙之旅。一起围在桌前吃饭，一起在雪地里玩雪，一起走村串巷，一起调查民生，一起感受小窝铺的人文自然！经历过路途的艰辛，也体验过冬季的刺骨寒风，更感受过伙伴们的关怀与热情！
>
> **李琳惠** 2020级社会学研究生

> 有幸参加过一次主体施工和一次调研，非常喜欢大家一起发挥各自的专业能力共同去让小窝铺变得更好的感觉！会永远喜欢在小窝铺的那个闪亮的夏天和懒洋洋的春天！
>
> **范馨雨** 2018级文物与博物馆学本科生

一月　三月　五月　七月　九月

合作院校

【中央民族大学】

中央民族大学无止桥团队主要由民族学、社会学和文物与博物馆学专业的同学组成，我们发挥自己的专业所长，主要负责小窝铺项目中的民生部分。我们与来自北京交通大学、香港高等教育科技学院的建筑学专业的同学们互帮互助，从不同角度帮助小窝铺建设，挖掘小窝铺的文化，丰富小窝铺村民们的生活。我们和村民们、志愿者们一同建设基础设施，一同喝腊八粥、制作花盆、印制树叶帆布包、打羽毛球、画筒笔画……虽然多为短短几日的相处，但是收获的爱与友谊弥足珍贵。

一期工程

张睿文 2016级财务金融学本科生

和北交大合作进行项目的途中结识了很多有趣的灵魂，度过了很多充实的时间！这是一个成长与互相帮助的过程，我个人认为是很难得的。希望未来还能和北交大无止桥继续合作参与项目！

2018年3月 第一次调研 欢度妇女节

2018年5月 第二次调研 欢度端午节

2018年7月 暑期主体施工

李木冰 2017级土木工程学本科生

这是我第一次与北交大无止桥合作，我也是第一次以统筹的身份参加施工，北交大无止桥是我的合作伙伴也是我的老师。过程中有不会的，北交大无止桥也会给予我帮助，使我快速地成长。希望下次可以再次合作。

二期工程

二期工程期间，珠海学院团队前往无止桥在甘肃的项目，暂别小窝铺。

刘文汉 2017级土木工程学本科生

在小窝铺三期工程的调研中，北交大无止桥同学的热情，让我们团队很快地融入了他们。在调研当中，也能深刻地体会到他们的交流沟通的能力、解决问题的能力、决策行动的能力。与北交大无止桥团队的合作是无止桥活动中令我印象最深刻的。

官禄倡 2018级新闻传播学本科生

能同北交大一起完成项目，我深感荣幸。对我而言，这是一段难忘的经历。希望未来还有机会能一起做项目，感谢各位在项目中的支持和帮助。

三期工程

2020年1月 第一次调研 欢度腊八节

2020年由于疫情导致进村受阻，三期工程延期一年。

2021年4月 第二次调研

和北交大的同学已经是合作几年的老搭档啦，总能在项目施工时碰撞出精彩的火花。希望新的一年大家能毫无顾忌地继续在小窝铺挥洒汗水！希望珠海学院和北交大的友谊长长久久！

刘诗婕 2018级土木工程学本科生

彭絮圆 2018级会计及银行学本科生

因为疫情关系，一直没能亲身到实地参加小窝铺项目。北交大无止桥在这期间一直负责项目组织，和各团队分享信息，非常的认真负责。希望今年能去到小窝铺当地，一起完成新的项目。

一月　三月　五月　七月　九月

合作院校

[珠海学院]

珠海学院无止桥团队是一个年轻的志愿者服务团队，主要致力于无止桥民生服务项目。近年主要参与了甘肃马岔和河北小窝铺两地的民生项目。其中河北小窝铺是从2018年一期项目便开始参与，累计参与了四次调研及一次主体施工。自2018年开始，珠海团队作为参与团队就与身为主办方的北交大团队开始了密切合作，至今已长达4年，并结下了深厚友谊。希望日后能有更多机会合作，将无止桥精神一直传递下去！

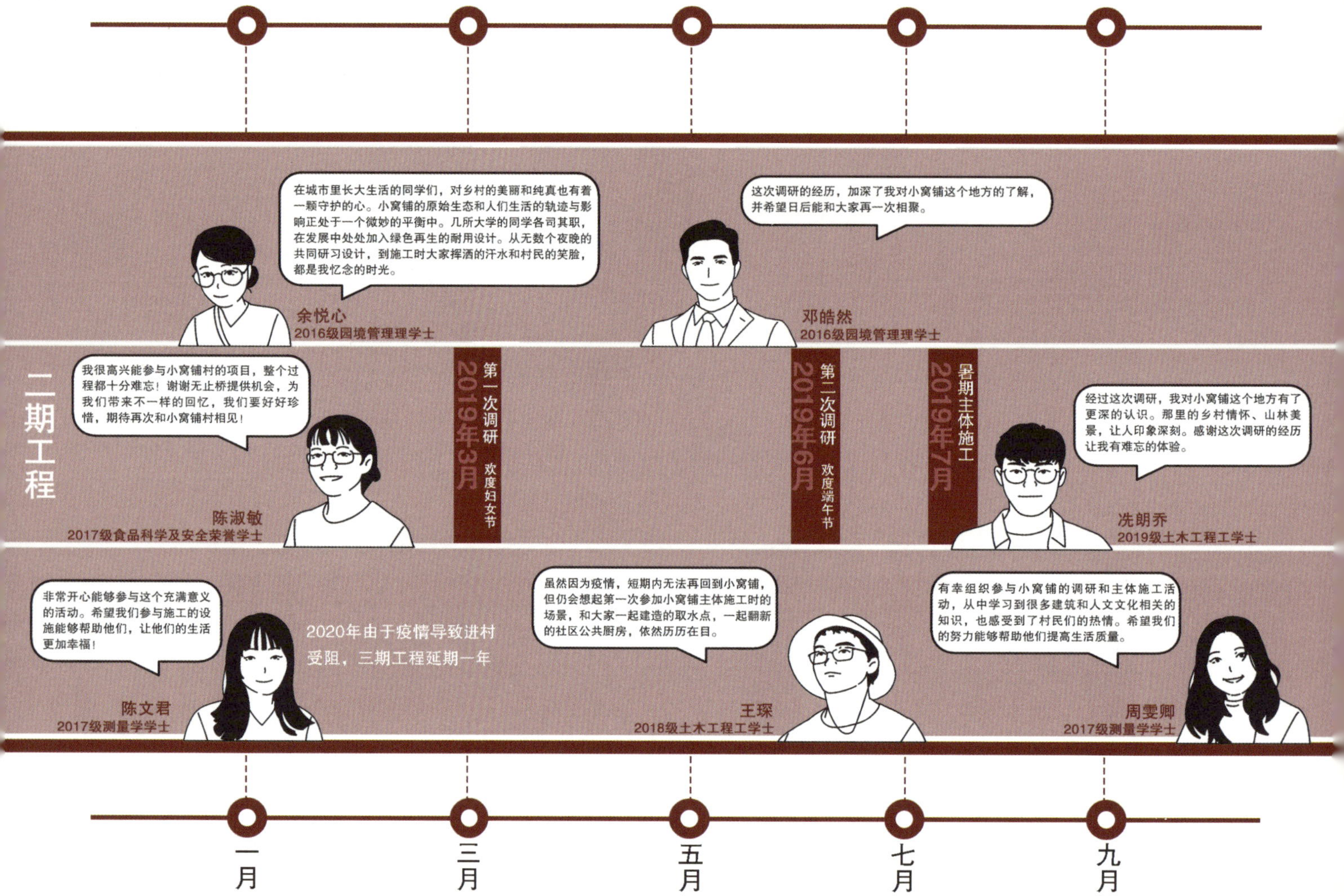

二期工程

余悦心 2016级园境管理学士
在城市里长大生活的同学们，对乡村的美丽和纯真也有着一颗守护的心。小窝铺的原始生态和人们生活的轨迹与影响正处于一个微妙的平衡中。几所大学的同学各司其职，在发展中处处加入绿色再生的耐用设计。从无数个夜晚的共同研习设计，到施工时大家挥洒的汗水和村民的笑脸，都是我忆念的时光。

邓皓然 2016级园境管理学士
这次调研的经历，加深了我对小窝铺这个地方的了解，并希望日后能和大家再一次相聚。

陈淑敏 2017级食品科学及安全荣誉学士
我很高兴能参与小窝铺村的项目，整个过程都十分难忘！谢谢无止桥提供机会，为我们带来不一样的回忆，我们要好好珍惜，期待再次和小窝铺村相见！

第一次调研 2019年3月 欢度妇女节

第二次调研 2019年6月 欢度端午节

暑期主体施工 2019年7月

冼朗乔 2019级土木工程工学士
经过这次调研，我对小窝铺这个地方有了更深的认识。那里的乡村情怀、山林美景，让人印象深刻。感谢这次调研的经历让我有难忘的体验。

陈文君 2017级测量学学士
非常开心能够参与这个充满意义的活动。希望我们参与施工的设施能够帮助他们，让他们的生活更加幸福！

2020年由于疫情导致进村受阻，三期工程延期一年

王琛 2018级土木工程工学士
虽然因为疫情，短期内无法再回到小窝铺，但仍会想起第一次参加小窝铺主体施工时的场景，和大家一起建造的取水点，一起翻新的社区公共厨房，依然历历在目。

周雯卿 2017级测量学学士
有幸组织参与小窝铺的调研和主体施工活动，从中学习到很多建筑和人文文化相关的知识，也感受到了村民们的热情。希望我们的努力能够帮助他们提高生活质量。

一月　三月　五月　七月　九月

合作院校

[香港高等教育科技学院]

香港高等教育科技学院（THEi）无止桥团队是一个在香港大专学院成立的团队，我们希望通过聚集不同学科及同学，实地与其他大学合作为当地村民身体力行地服务。我们很荣幸在小窝铺的项目中出一份力，并很感谢北京交通大学、中央民族大学及其他大学一路上的合作。我们THEi团队主要是由一群工程、测量、园境等学系的学生带领及工作，也希望未来，我们能继续给村民、志愿者留下美好的回忆，而且能在未来的日子里努力建设更美的小窝铺！

这是一段很美的旅程，是一处不舍不得离开的地方，认识了一群善良的人们，拥有了一段难忘的回忆。是乡村生活的体验，是参与，是相处，是一段温暖的时光，"斯是陋室，惟吾德馨"。在施工的场地望去，干柴沟村是炊烟袅袅的景象，是温馨生活的样子。

——2019级园林学本科生 陶琳

作为一个从小在城里长大的孩子，真正在乡村与村民同吃同住的4天对我来说是一段崭新的人生体验。能亲手为这个乡村带来一点小小的改变，也可以称得上是迈出了一大步。期待与小窝铺的再一次相遇！

——2019级城乡规划学本科生 李叶桐

——2019级建筑学本科生 车婉睿

此次小窝铺之行，短暂的几天施工却是我漫漫乡村生活的静谧与同学们的热情似火相互映衬，无不让我深刻感受到这次旅程的动人魅力。

——2019级建筑学本科生 余兆晖

在小窝铺的经历可以说是参加无止桥之后最难忘的体验之一了。作为一个陌生人进入到一个成熟的团体，再迅速地融入进去，大家一起没心没肺地干活，背着老师偷偷摸摸吃小摊，等待洗澡的时候一起在外面望着星空畅聊……

——2015级建筑学本科生 陈毅麒

2019年的小窝铺之旅是我加入到无止桥这个大团队中的第一个项目，收获良多，不仅完成了伙房的改造，还认识了许多来自各个学校的朋友，很开心自己也成为了小窝铺发展过程中的建设者之一，希望小窝铺未来在更多志愿者的建设中越来越好。

——2015级城乡规划学本科生 李蕴清

——2017级建筑学本科生 刘怡嘉

第一次参与到项目的施工过程，从整理场地到结构搭建再到装饰细节，第一次体验到设计中关于画图之外的世界。真的学到了好多。总之，很值得。

——2017级建筑学本科生 袁帅

除了各校的无止桥团队志愿者
还有许多以个人身份加入的大学生及社会爱心人士
在项目中奉献出了自己的力量

北京交通大学在小窝铺的乡村建设活动离不开各个合作院校无止桥团队，以及所有志愿者们的热情帮助和无私奉献。

心有桥，爱无止。
乡村建设也是心桥的建设。

无止桥慈善基金项目职员 葛林林
无止桥慈善基金项目职员 Lorraine
无止桥慈善基金项目职员 常竹青

合作院校 [其他志愿者们]

除了前文提到的合作院校的无止桥团队外，还有许多大学生志愿者和社会义工在小窝铺建设过程中奉献了他们的力量。小窝铺项目既是一个乡村建设项目，也是一个社会实践平台。

北京交通大学无止桥团队感谢您对我们的支持与关注
小窝铺的故事未完待续

未完待续